JN227151

お客は銀行からもらえ！

士業・社長・銀行がハッピーになれる営業法

東川仁
Higashikawa Jin
繁盛士業プロデューサー

さくら舎

目次◆お客は銀行からもらえ！

第2章　銀行員はお客を紹介したがっている
～あまり知られていない銀行のしくみ

第3章　銀行員とのパイプの作り方

第4章　パイプを作ったら太めなさい！

第5章　銀行と「Win-Win」の関係になる！

第6章　銀行&士業のインタビュー　そして、銀行の融資の今とこれから

お客は銀行からもらえ！

――士業・社長・銀行がハッピーになれる営業法

プロローグ

士業《しぎょう》の皆さん、商売繁盛《はんじょう》してますか？

はじめまして。「繁盛士業プロデューサー」の東川 仁《ひがしかわじん》と申します。

「『繁盛士業プロデューサー』って、なんや？　聞いたことないな」

そう思われた方も多いでしょう。たしかに耳慣れない肩書きです。

読んで字のごとく、「士業」――本書では弁護士・公認会計士・税理士・司法書士・行政書士・社会保険労務士・中小企業診断士など――の方々が、どうやったら繁盛するか？　を日々考え、アドバイスやコンサルティングをするのをメインの仕事にしています。

また私自身も中小企業診断士の有資格者ですので、中小企業のコンサルティングも行っています。クライアントの数でいうと、士業：中小企業で6：4ぐらいの割合です。最近はとくに士業の方からのご相談を多く受けております。

「なんで士業がわざわざコンサルに相談する？　資格をもっとるんやから、仕事はぎょうさんあるやろ？」

おっしゃる通り、そう考えるのが普通です。

しかし、読者の皆さんには現実をお伝えしておきましょう。

「資格なんかとったって、お客さんがおらな食ってけへん！」

多くの人は、難関資格をとれば、それだけで食べていけると思っています。

たしかに、難関資格には独占業務がある場合が多く、黙っていても仕事がやってきた時代もありました。しかし、企業の経済活動自体が停滞気味の昨今、士業の仕事は全般的に減ってきているのが現状です。さらに、IT化の進展によって、これまで企業が士業に依頼していた仕事の多くが、社内で賄《まかな》えるようになってしまいました。

たとえば税理士さんでいえば、従来であれば税務書類の記帳代行だけで、けっこうな仕事になっていました。ところが税務・会計ソフトの発達で、簡単かつ正確に税務書類が作れるようになってしまったのです。

「なんや、このソフト入れとけば、わざわざ高いお金払って税理士の先生に頼まんでもええんか。便利な世の中になったのう」

社長さんからすれば、こんな具合です。

繰り返します。資格をとっただけでは、食べていけません。

税理士はこの10年間で7000人増え、顧問報酬は1社あたり月5万円から3万円以下に。顧問先の奪い合いが起きていて顧問料は下がる一方。中小企業診断士に至っては100人中70人が会社勤めをし、残り30人のうち年収400万円以上の人は7人にすぎないということを聞いたことがあります。

コンピューターではできない、人間の士業ならではの付加価値をつける仕事をしなければ、生き残っていけない時代なのです。

とくに難関資格であればあるほど、資格取得のための勉強に夢中になってしまい、取得後にどうやって仕事をするかを考えていない方が多いのです。ようやく資格をとって、いざ仕事をしようとすると、

「あれだけ勉強して資格とったのに、仕事がないやんか。仕方ないからコンビニでバイトするか」

こんな笑えない状況に追い込まれる方が、実はけっこう多いのです。


本書を手に取ってくださった皆さんには、そのような思いはしてほしくないのです。

そこで本書では、とくに士業の方を想定して、資格取得後に大事な「顧客獲得」の方法を解説していきます。

といっても、私が提唱する方法は一つです。

「お客は銀行からもらえ！」

そう、銀行は使い方によっては、いくらでもお客様を紹介してくれます。まさに「顧客バンク」になりうるのです。

本書ではそのやり方を、具体的に紹介していきます。


私はもともと、地元の大阪で地域密着型金融機関に勤めていました。

ところが2000年、勤務先が破綻《はたん》してしまったのです。ちょうど12月で、年末年始の運転資金を借りにくる会社がたくさんある時期でした。

「すんません。ウチ、つぶれました。お金貸せなくなってしまったんです」

そう言って得意先に頭を下げるのですが、もちろんそれで済む話ではありませんでした。破綻直後は業務も混乱していますし、問い合わせにくるお客様の対応などで、ほとんど店頭から離れることができません。1カ月ほどして、ようやく自分が担当していた得意先を回ることができましたが、そのときすでに3社が、年末年始の資金繰りができずに倒産してしまっていたのです。

「なんでこんなことになったんや。もう、こんなことを繰り返したらアカン。僕は中小企業の社長らのために、資金調達のやり方を教えるコンサルタントになる」

そうして私は、「カネなし」「資格なし」「人脈なし」「経験なし」という状態で、コンサルタントとして独立したのでした。

銀行出身のコンサルタントは多くいます。よくあるケースとしては、銀行に勤務中に何らかの資格を取得し、その資格を武器に独立するというルートです。ただ私の場合、勤務先の破綻によって急遽《きゅうきょ》独立したので、何の準備もなく、資格ももっていませんでした。もちろん資格は欲しかったので、いろいろ試験だけは受けてみたものの、不合格が続きました……。

結局、退職後6年間はとくにこれといった資格もないままに、コンサルタントとして活動していたのです。実際には、「ファイナンシャルプランナー3級」「初級システムアドミニストレーター」だけはありましたが、残念ながらコンサルタントとしては活用できる資格ではありません。

資格もなしに独立したため、私はとにかく、お客様を獲得する努力をするしかありませんでした。そうしてもがいているうちに、ふと気が付いたのです。

「そや、僕は金融機関にいてたから、銀行のこともわかるし、お客様やった社長たちのこともわかる。それに、受からんかったけどいろんな試験を受けたから、士業の業務内容も一通りのことはわかる」

「銀行・社長・士業、この三つ全部のニーズがわかるコンサルタントは、なかなかいてないのちゃうか？」

この直感は的中しました。銀行相手、中小企業の社長相手、そして士業相手と、それぞれを専門にするコンサルタントはいたものの、この三者をトータルでコンサルティングできる人は、いなかったのです。

そこを自分の「売り」にしていくことで、私はコンサルタントとしての足場を固めることができました。

「今ウチの会社、人事関係をもう少ししっかりしたいんやけど、誰か、相談のってくれる社会保険労務士さんって、知らへんか？」

「このままじゃちょっと決算越えられるかわからない。融資の相談のってくれる銀行、紹介してくれませんか?」

などなど、一度評判になると、質問をしにくる人が増えるので、どんどん情報も集まってきます。

本書で紹介する「銀行からお客を紹介してもらう方法」は、士業、中小企業の社長、そして銀行の三者それぞれがハッピーになれる、とっておきの秘策なのです。

さて、冒頭に「資格だけでは食っていけない」というお話をしました。

私は、「士業は中小企業の発展に貢献するためにいる」と思っています。それこそが、コンピューターにとって代わられない、人間の士業がもちえる付加価値なのです。

税理士の記帳代行がコンピューターにとって代わられる話は先にしました。もともと記帳代行は、「代行」するだけですから、それ自体は顧客の企業の発展にそれほど貢献《こうけん》してはいません(もちろん時間の短縮にはなるでしょうが)。

しかしその税理士が、社長と話をするなかで、税務会計のスペシャリストの立場から、業務改善のアドバイスができれば、それは会社にとって大きなプラスになるはずです。

「社長、社長、ちょっとおたくの会社、設備投資費が多すぎるんとちゃいます? これリースに変えるだけで、費用も税金も、こんだけ得しまっせ」

そうやって、中小企業の発展に貢献するのが士業の使命であり、そこはコンピューターにはできません。人間だけができる仕事です。だからこそこれからの士業は、人間力、コミュニケーション力を発揮していかないと、生き残れないのです。

私自身も、勤めていた金融機関の破綻により、得意先の倒産という事態に直面しました。

「中小企業の社長らを応援する！」

という思いで、走り続けてきたのです。

しかし、一人で見ることのできる数は限られています。直接、私が面倒を見るお客様は、業績を伸ばすまで責任をもつことができますが、それ以外の中小企業に対して、何もすることができない。それが悔しかったので、セミナーを行ったり、書籍を執筆したりという活動を始めたのです。

中小企業の社長は、自分の会社の業務で必死ですから、セミナーに参加したり本を読んだりする時間がそもそもありません。また、学んだとしても、きちんと実行できるかどうかはまた別問題です。

「そや、僕と同じように、中小企業の社長らを応援しよ！　って思ってくれる士業を、たくさん作ればええんとちゃうか？」

社長の横に寄り添ってアドバイスをする存在、私と同じような考えで動いてくれる士業の方々を一人作れば、その士業が抱える顧客10社以上にいい影響を与えることができます。それに、士業は難関資格を突破してきているだけに、基本的に「勉強好き」な人が多いのです。だから、本もよく読みます。残念ながら社長の方は、自分の直感を信じるからか、本をあまり読まない人が多い（笑）。

そう考えて、士業へのコンサルティングや教育に力を入れるようになりました。本書で述べることは、士業・社長・銀行の三者がハッピーになれる方法ですが、そのきっかけを作るのは、士業の役割なのです。

さて、本書で提唱するのは、「お客は銀行からもらえ！」ということです。

実際、銀行としっかりパイプを作っている士業は、継続的に仕事をゲットしています。多くの士業さんは、そうした同業者の姿を横目で見ながら、

「ええな〜、うまいことやりよるわ〜。どうやったら銀行と仲良うなれんのやろ？」

と思っていることでしょう。ところが、銀行の仕組みや、銀行員の考えていることがわからないため、どうやってアプローチをしていいのかわからない人がほとんどなのです。

そもそも、銀行の情報というのは、一般的に流通していませんし、銀行とうまく付き合って仕事につなげる方法なんて、誰もノウハウ化していません。ですから、日本全国に数多くの士業さんがいますが、銀行とうまく付き合って仕事につなげている人というのは、おそらく10人に1人もいないのではないでしょうか。

私も多くの士業の方とお話しする機会があり、中には銀行とうまく付き合って顧客をどんどんゲットしている方もいます。ですが、そういう方に話を聞いても、

「銀行とうまく付き合う方法？　そやな〜、なんか気がついたら、いつの間にかうまいことや

っとった、って感じやな～」

という答えがほとんどです。

本書では、誰もノウハウ化できていない、「銀行からお客をもらう方法」を、ていねいにお伝えしていきます。


ここで一つ、士業の方々には耳の痛い話をあえてしておきます。

「士業は、コミュニケーション下手な奴が多い！」

そうなんです。士業の方は、難関資格に合格するだけあって、勉強も好きですし、基本的に頭がいい。ですが、コミュニケーション能力に若干難がある人が多いのです。もう少し具体的に言うと、専門的なことを、専門用語を使ってしゃべりまくる人が多いので、聞いている人からするとよくわからない話を延々としてしまうのです。

ですから、全般的に士業は営業力が弱いという現実があります。

ということからも、「銀行からお客をもらう方法」を実践してほしいのです。

営業下手でも、銀行員とだけうまく付き合っていれば、向こうからお客を紹介してくれます。さらに言えば、銀行員は金融の専門家ですから、士業が大好きな専門的な話にもついてきてくれます。

もちろん士業にもコミュニケーション能力が求められるのは大前提です。しかし、多少コミュニケーション能力や営業力に自信がなくても、銀行員さえ味方につけておけば、少なくとも仕事に困ることはありません。

「せっかく難しい資格とって開業したのに、ぜんぜん仕事あらへんな〜。かといって、飛び込み営業とか、俺めっちゃ苦手やしな〜」

そんな士業の方は、ぜひ、本書を読んで「銀行からお客をもらう方法」を実践してみてください。

銀行と仲良くするのは、士業のためだけでなく、顧客である中小企業にとってもメリットは大きいのです。

本書の中でも詳しく解説しますが、中小企業の社長さんの悩みは、大きく次の3点です。

①資金繰り
②売上アップ
③人材採用・人材育成

そのなかでも圧倒的に悩みの比率として大きいのは、①の資金繰りです。

もし、銀行とのパイプが太い士業の方がいれば、社長としても本当に頼りになりますし、銀行に融資をお願いしに行くときにもさまざまなアドバイスをもらえる、ありがたい存在となります。

資金調達力が上がるというのは、中小企業にとって何よりの生命線です。

ですから、中小企業の社長さんたちのためにも、銀行と仲良くすることは大事なのです。

本書で提唱するように、士業が銀行からお客をもらうということは、士業・社長・銀行の三者にそれぞれメリットがある、「Ｗｉｎ－Ｗｉｎ－Ｗｉｎ」のトライアングルを築くことができる、最高の方法だと自負しています。

一人でも多くの士業の方がこの方法を実践して、関係者みんなをハッピーにする（＝儲かる）ビジネスの流れを構築していただければ、私にとってこれほどうれしいことはありません。
※なお、本書での「銀行」という言葉は、特別な場合を除き、信用金庫や信用組合を含めた「金融機関」全体のことを表しています。

第1章　お客を銀行から紹介してもらうのが断然いいワケ

銀行が紹介してくれる仕事①～顧客の紹介／講師の依頼

さて、銀行の立場からすると、士業にお願いしたいと考えている仕事はたくさんあるのです。ここではいくつかのパターンを紹介しましょう。

1．顧客の紹介

経営に関するいろいろな問題に悩んでいる社長を、その問題を解決できる専門家（士業）に紹介してくれるのです。

実は、銀行が専門家を紹介するのは、そのほとんどが顧客からの依頼によるものです。

「○○さん（↑銀行員の名前）。今な、××という問題で困っているんやけど、解決するのに力になってくれそうな人はおらんかな？」

「そうですか、社長たいへんですな。ちょっと心当たりありますんで、連絡してみましょ」

というパターンが最も多いです。

「××に困っている」というフレーズに、銀行員のアンテナは引っかかります。ですから、銀行から仕事や顧客を紹介してもらうためには、「何でもできる」というよりは、「××に強い専門家」とアピールしておくことが重要です。

2．講師の依頼

銀行は、よく講演会やセミナーを開催しています。大きな単位では全店規模での講演会を、年に1度か2度、行っています。このようなスケールの講演会は、全店の顧客を招待するものなので、テレビに出ている人とか、ベストセラー作家、著名な経営者などという有名人が呼ばれます。このような大きな講演会に呼ばれるためにはネームバリューが必要なので、一般の士業が呼ばれることはまずありません。

私たちが狙うべきは、各支店において開催されるセミナーや勉強会です。

優良な顧客を囲い込もうと積極的に行動している支店は、「経営者勉強会」「若手経営者勉強会」といった勉強会を頻繁《ひんぱん》に行っています。

私自身、金融マン時代には、赴任する支店、支店で「若手経営者勉強会」を立ち上げて行っていました。だいたい、2カ月に1回程度のペースで開催していたと記憶しています。

運営をしていく上で一番の悩みは、「講師をいかに見つけるか」でした。

知り合いで「経営に役立つセミナーをできる講師」がいたのなら、その人に真っ先に頼んだのですが、残念ながら都合よく知り合いの講師などいませんでした。そのため、講師を知っている人に紹介してもらい、少なくない講師料をお支払いして来てもらっていました。

積極的に勉強会などを行う支店とそうでない支店は、支店長の性格や方針などによって、いろいろと分かれます。

私は、銀行員の知り合いがたくさんいるので、そういった方々から、

「ヒガシカワさん、今度、うちの支店で顧客向けのセミナーやってくれませんか？」

という依頼を、数多く受けます。やっぱり、どこも講師探しには苦労しているのです。

「こんなセミナーができまっせ！」と普段からアピールしておくだけでも、講師の依頼が来る可能性はぐんと高まります。

銀行が紹介してくれる仕事②～経営改善計画書の作成

3．経営改善計画書の作成

銀行には返済額減額（一般には「リスケ」といわれています）をしている企業が、全体の債権の1割程度存在するといわれています。

中小企業金融円滑化法があったときには、あまり厳しく追及されていませんでしたが、円滑化法が終了した現在、いったんリスケをした企業は、「経営改善計画書」を提出しなければ、さらなるリスケを認めてもらえないようになりました。

ところが、今の銀行のマンパワーでは、すべてのリスケ先の顧客の「経営改善計画書」を作成するお手伝いをすることはできません。

かといって、作らないとリスケを行うことができない。

そこで、銀行員、とくに貸付《かしつけ》担当者が、士業などの専門家に対して、「経営改善計画書」を作成するお手伝いを依頼するケースが増えてきているのです。

私も以前、ある企業からこんな依頼がきました。

「返済額減額のために、銀行から『経営改善計画書を提出してください』と言われているのですが、書き方がわからんのです。ヒガシカワさん、手伝ってもらえませんか？」

そこで、その会社の「経営改善計画書」を作成し、依頼主と同伴して取引銀行に提出したのです。

そのおかげで、うまくリスケを認めてもらうことができたのですが、翌日、その銀行の担当者から私のところに電話がかかってきました。明日、銀行に顔を出してほしいとのことです。

昨日の交渉に何か問題点があったかと思い、おそるおそる訪ねてみると、こんな話でした。

「ヒガシカワさんの作ってくださった経営改善計画書は、そんなに量も多くなく（A4用紙で5枚程度）、わかりやすくて本当に助かりましたわ。ヒガシカワさんもご存じかと思いますが、たくさんの量の計画書を持ってこられても、困るんですよね。さすが元銀行にいてはっただけあって、現場のことがよくわかってらっしゃいますね。ところで、うちの支店には、他にもリスケをしなければならない企業がけっこうあるんですよ。その方たちの経営改善計画書の作成を、手伝ってもらえませんか？」

私は、「銀行からの仕事の依頼は断らない」と決めていたので、喜んでそれらの仕事を受けさせていただきました。

その貸付担当者から話を聞いた別の支店からも、私へ依頼があり、しばらくはその仕事だけで月に10件以上もあった時期もありました。

また、それをきっかけに、「経営改善計画書」を作成させていただいた依頼者にそのまま顧問先になっていただくということもしばしばありました。

「経営改善計画書」を作成するのは、慣れればそれほど難しくない上、銀行とのパイプを築くことができるおいしい仕事です。

ぜひ、経営改善計画書の作り方を学び、銀行から仕事を紹介してもらってください。

銀行が紹介してくれる仕事③〜事業計画・経営計画書作成のサポート

前項で説明した「経営改善計画書」の作成は、どちらかというと、あまり業績がよくない企業に対してのお手伝いです。

仕事の件数は多いのですが、報酬《ほうしゅう》の支払い能力は少し厳しいものがあるのも事実です。

でも、そこで実績を作っておけば、次は前向きの案件の紹介が待っています。

それは、「事業計画書」や「経営計画書」の作成のお手伝いです。

銀行にはいろんな種類の社長が集まります。

・積極的に経営について考え、行動する社長
・行き当たりばったりで、今起きている問題に対処するのに精一杯の社長
・人のせいにばかりして自分ではほとんど動かない社長
・景気頼みで経営努力をしない社長

などなど、さまざまです。

これらの中で「積極的に経営について考え、行動する社長」の数は少ないですが、それでも、どの支店にもこういった前向きな顧客は存在します。

こういった社長は、自ら積極的に勉強をしようとされますし、専門家のアドバイスにも真摯《しんし》に耳を傾けます。

その中には、業況《ぎょうきょう》が順調に進んでいるにもかかわらず、

「うちの会社、もっともっと成長したいんですわ。銀行さん、うちをサポートしてもらえる専門家のセンセを、紹介してくれませんか？」

という依頼をしてくる、積極的な社長もいます。

また、今は会社の業績に見るべきものは少ないとしても、社長が素直に学ぼうとしている姿勢を銀行が評価する場合もあります。銀行はそんな社長に対し、「専門家にいろいろと相談したらいいよ」と言って、積極的に専門家を紹介するケースもあります。

いずれの場合にも、専門家に期待される役割は、「事業計画書」や「経営計画書」の作成の

お手伝いです。

「事業計画書」や「経営計画書」を作成することで、社長は自社の経営の方針を具体的にできるので、すぐ行動を起こせるようになるのです。

ただ、社長だけや自分の会社のメンバーだけで事業計画書を作ってしまうと、えてして、独りよがりの内容になってしまい、効果が出ないことも多々あります。

そのために、第三者である専門家の視点やアドバイスが重要となるのです。

だからこそ、前向きに経営のことを考えている社長たちに対して、銀行は「事業計画書」「経営計画書」の作成をサポートする専門家を紹介します。

実際、難関国家試験に合格するだけの能力をもった士業の方なら、「事業計画書の書き方」を解説した書籍を数冊購入し、ためしに自分自身の事務所の事業計画書を作成してみるだけで、簡単に「事業計画書」「経営計画書」作成のサポートはできるようになります。

私もはじめは事業計画書を作成することはできませんでしたが（仕事柄よく見ていましたが、作るのは別物でした）、自分の事務所の事業計画書を作成してみれば一通りのことがわかり、他人の事業計画書作成のサポートができるようになりましたから、安心してください。

銀行員には士業・コンサルタントの知り合いが少ない！

銀行員が、仲良くなった士業やコンサルタントなどの専門家に、顧客や案件を紹介してくれるのには理由があります。

それは、

「銀行員には知り合いの専門家がいない！」

からなのです。

銀行員であれば、士業やコンサルタントの知り合いが多いと思われがちですが、それは勘違《かんちが》いです。ほとんどの銀行員は、こみいった相談ができるような専門家の知り合いがいません。

実際、私も金融機関職員時代、税理士や会計士、社会保険労務士、行政書士、中小企業診断士といった士業の方々の知り合いはほとんどいませんでした（支店で仕事を依頼している司法書士さんとは顔見知りでしたが……）。

実は、銀行員は専門家の方々と知り合う機会がほとんどないのです。

たとえば、士業やコンサルタントなどの専門家と知り合える場所に「異業種交流会」があります。しかし、銀行員は業務時間以外で自ら進んで「異業種交流会」に参加する人はあまりいません。

その理由としては、次の3点が挙げられます。

①仕事が忙しくて、業務が終わった後や休みの日に異業種交流会に行くような暇も余力もない。

②わざわざ異業種交流会に参加しなくても、業務でいろいろな業種・立場の人たちと会って

いるので、異業種交流会に参加するメリットを感じない。
③異業種交流会への参加者のほとんどが、自分の支店のテリトリー外の方なので、知り合っても顧客になりえない。

またそれ以外に、取引先（融資先）が専門家の場合には知り合いになれそうなものですが、銀行員は基本的に新規開拓先として士業・コンサルタント事務所を対象に入れていません。

なぜなら、銀行員はいろいろな企業や家庭に対し飛び込み訪問をしますが、専門家の事務所は敷居が高いと感じているため、何となく避けてしまっているのです。これは私自身の経験からもそうです。

だからといって、専門家のほうから銀行に対して、

「おたくの銀行と取引したいんやけど、うちの事務所まで来てくれます？」

という連絡が入ることもめったにありません。

専門家も、銀行員がわざわざ事務所まで来てくれるということを知らないからです。

銀行に用事がある場合は、自ら窓口に行って手続きをします。

ですから、銀行の担当者と個人的に知り合うことができません。

税理士などは仕事柄、銀行員と知り合う機会が多いと思われるかもしれません。たしかに会う機会は、他の士業・コンサルタントよりも多いですが、いつも1回きりの名刺交換で終わっ

てしまい、そこから先がつながらないケースがほとんどです。後の項目で述べるような、銀行員とのパイプを太める方法を知らないからです。

だからこそ、専門家のほうから銀行員に対して、積極的にアプローチをすることが大事なのです。銀行員は他に専門家の知り合いがいない分、今後何か相談ごとが発生した場合、数少ない知り合いの専門家である「あなた」を頼ってきます。当然それは、仕事につながります。

待っているだけでは、銀行員からはアプローチはかけてきません。

自分から積極的にアプローチすることが、後にたくさんの顧客や仕事を紹介してくれることにつながるのです。

銀行は「経理のサポート」や「試算表の早期作成支援」を求めている

銀行が専門家に求めていることは、具体的には次のようなことです。

「経理のサポート」「試算表の早期作成」「社長に対する教育」「融資の際の資料作成サポート」「事業計画書の作成サポート」「顧客の経営上の悩みを解決するサポート」などです。

こうして挙げてみると、税理士や会計士の業務に直結するような項目が多いですが、別に税理士や会計士でなくても、こういった支援は可能です。

①経理のサポート

私が貸付担当をしていた頃、一番イライラした融資先は、「帳簿をしっかりとつけていない（＝経理がいいかげんな）」会社でした。

銀行が融資をする際には、いろいろな資料の提出をお願いします。融資稟《りん》議《ぎ》書を作成するために必要だからです。しかし、経理がいいかげんなところは、いつまでたっても資料を提出してくれません。資金が必要な日にちは決まっているのにもかかわらず、資料がないと稟議書が書けないため、気ばかりあせります。

自然と、そういう顧客に対して「あそこは、いいかげんな会社やな」というふうに見る目が変わります。いいかげんな顧客は、返済に関してもいいかげんになりがちですから、どうしても融資審査に対する姿勢も厳しくなるのです。

税理士や会計士などの専門家がそばについていると、必要な資料が早めに提出できます。これが銀行の貸付担当者にとっては、たいへん助かることなのです。

別にあなたが税理士でなければ、記帳代行をする必要はありません。

ただ、必要な資料を必要なタイミングで出せるような会社の体制構築ができるよう、日々のお付き合いの中で指導をしてもらえれば、銀行はたいへん助かるのです。

②試算表の早期作成

融資を行う際に、必ずといっていいほど徴求する資料に「試算表」があります。

試算表によって、「現在の取引先の状況」を把握することができるからです。

そのため、稟議書を書く際の試算表は、最新のものを提出するよう求められます。

融資を依頼され、試算表をお願いした際に、提出された試算表が2カ月前のものであると、「先月の試算表も出せない会社かい！」と、とても頭に来ます。

そのときに銀行員は「先月の試算表をお願いします」と言いますが、返ってくる答えは、「税理士のセンセが、なかなか出してくれんのですわ」

というセリフです。

銀行に勤務していたころ、稟議に追われてイライラしている状態の私は、そんなシチュエーションで、

「そんないいかげんな税理士、代えてください！」

と思わず叫んでしまったことも何度かあります。実際に別の税理士を紹介したこともあります。

それぐらい、銀行員にとって頭に来ることなのです。

でも実際には、税理士が原因であるということはほとんどありません。問題は社内体制にあるのです。

銀行からすると、融資を積極的に行いたいという会社は、少なくとも15日までには前月の試算表を提出できるような会社です。１カ月遅れの試算表なんてもってのほかです。

「翌月の15日までに試算表が提出できるよう、社内体制を構築する支援をさせてもらってます」

と言うだけで、銀行員からのあなたに対する評価は格段に高まります。

銀行は社長への教育をしっかりしてほしいと思っている

③社長に対する教育

融資をする際に銀行の担当者は、融資先の社長からいろいろと話を聞かなければなりません。そのときに戸惑うことがあります。

当然、知っていると思われるようなことを社長が知らないときです。

「売上総利益」「営業利益」「経常《けいじょう》利益」という言葉は知っていなくても経営はできますので、そういう言葉を知らないことについては気にしません（できれば知っておいてもらっているほうがありがたいのですが）。

でも、

「社長、先月の利益はいくらですか？」

と聞いたときに、

「そんな細かいことを聞かれてもわからんわ」

と言われた日には、

「あんた社長やろ。自分の会社がいくら儲《もう》かったのかもわからんっちゅうのは、どないなってんねん！」

と心の中で毒づいてしまうこともあります。

別に経営に必要なすべての知識を知っておいてほしいなどとは言いません。ですが、最低でも社長として頭に入れておくべき知識は、すぐ答えられるようにはしておいてほしいのです。そうでないと、「ここに本当に融資をしても大丈夫か？」と銀行員が不安になるからです。

かといって、どんな知識を身につけておけばいいのか、社長本人にはわからないこともあるでしょう。

そんなとき、そばにいる士業・コンサルタントが社長に教えてあげてほしいのです。先ほどの質問を社長にした際に、その社長に顧問税理士がついていたとしましょう。その場合、銀行の担当者は、社長だけでなく顧問税理士に対しても悪印象をもちます。

「前月にどれくらい儲かっていたのか、税理士が社長に伝えるべきやろ。仮に伝えていたとしても社長の頭に入ってなければ意味がないやん。もうちょっとしっかり仕事をしてもらわんと困るで。ホンマに使えない税理士やな」

という感じです。

銀行員が社長にもっておいてほしいと求める知識は、次のようなものです。

・財務（損益《そんえき》計算書・貸借《たいしゃく》対照表・キャッシュフロー）に関する知識
・マーケティング（売上をいかに作っていくのか）に関する知識
・経営上のリスクに関する知識
・自社のビジネスにおけるヒト・モノ・カネ・情報・ノウハウに関する知識
・組織を円滑《えんかつ》に動かすための知識
・社長がリーダーシップを発揮するための知識
・銀行付き合いを円滑に進めるための知識

これらの知識を身につけることで、経営上の致命的な失敗のほとんどを避けることができます。

ところが、社長という仕事は忙しいものです。よほど意識の高い社長でない限り、これらの知識を自ら身につけるということはありません。それは銀行員なら皆、知っています。だからこそ、そばについている士業・コンサルタントが、そういった知識を社長に教育してくれることを、銀行員は期待しているのです。

融資の際に提出する資料作成を士業・コンサルタントに期待している

④融資の際の資料作成サポート

融資をする際、担当者は社長から、その融資に関するいろいろなことを事細かく聞きます。聞いた内容をまとめて「融資稟議書」という形にして銀行に提出します。

「融資稟議書」の内容が精緻であればあるほど、説得力が高まります。

ただ、顧客から聞いた内容をまとめるだけでは、十分だとは言えません。それを補完する資料も必ず必要になります。

先に挙げた「試算表」もその資料のうちのひとつですし、「売上推移《すいい》表」「利益推移表」なども補完資料になります。

そういった関連資料を、担当者はまず、社長もしくは経理担当者に提出をお願いします。依頼した資料が提出されるのは、早くても３日後。１週間待つことも珍しくありません。ひどい会社になると、担当者から請求があって、はじめて資料の作成に手をつける場合もあります。必要な資料が届かなければ、稟議書の作成は進みません。担当者にとってはたいへん困る事態になります。

なぜそうなるのかというと、資料作成能力をもった経理担当者がいない会社が、少なくないからです。

社長からいきなり、

「○○という資料を出せと銀行に言われたから、作っといてくれんか？」

と言われたとしても、多くの経理担当者はそれがどういう資料なのか、どういう目的に使用するのかがわかりません。

日常業務もあるため、資料作りに時間がかかりますし、できあがった資料も銀行が求めている内容と微妙に違ってしまったりします。


そんなとき、その融資先に顧問税理士や会計士、コンサルタント等の専門家がいると、銀行員はとても助かります。

専門家は、銀行員から説明を聞けば、求められている資料がどういうものなのかすぐ理解しますし、必要とする資料を速やかに作成してくれます。

専門家が一人、間に入るだけで、銀行員の稟議書作成の負担がとても軽くなります。


社長と、顧問税理士やコンサルタントなどの専門家が一緒に挨拶《あいさつ》に来た場合、一番助かるのは銀行の貸付担当かもしれません。

社長から融資を頼まれ、必要な資料を社長にお願いしたときに、なかなか提出してくれないことがあったとしても、その会社の顧問の専門家と面識があれば、

「社長。○○センセに直接連絡して、××の資料をもらってもよろしいか？」

と聞いた上で、直接、資料の作成をお願いすることができるからです。

それだけでたいへんな時間の節約になります。実際に私も、社長を飛ばして、専門家の先生

に直接資料を依頼したことは何度もありました。

直接やりとりできる関係になったおかげで、別の顧客からの経営上の悩みごとについても、その専門家に相談することができ、結果、その顧客の紹介にもつながりました。

顧問先の社長と一緒に銀行を訪問するときに、

「融資の際の資料が必要なときは、私に直接連絡してくださっても大丈夫ですよ」

と一言添えるだけで、その後に高い効果が表れます。

第2章　銀行員はお客を紹介したがっている

～あまり知られていない銀行のしくみ

銀行の担当役席とパイプを構築すべし

さて、銀行とパイプを作って顧客を紹介してもらうメリットを述べてきました。ここからは、銀行と効果的な付き合いをするために知っておくべき「銀行のしくみ」について簡単に説明します。

身も蓋もない言い方をすると、銀行には「仲良くなるべき人間と、仲良くなってもあまり意味のない人間」がいます。

どういう人間と仲良くなればいいのでしょうか？

仲良くなるべき人間を知るためにも、銀行員の職種や肩書きについて知る必要があります。

すべての銀行が同じような肩書きや職種・役職名を使っているわけではありませんが、ここでは、多くの銀行に共通している肩書きや職種・役職名について紹介させていただきます。

銀行では入行した順に、

①一般行員　→　②主任　→　③係長　→　④支店長代理　→　⑤課長　→　⑥次長　→　⑦副支店長　→　⑦支店長

という流れで昇格していきます。

私がいた金融機関はそんなに規模が大きくなかったので、「主任」や「課長」という役職はありませんでしたが、多くの銀行では上記の通りの肩書きと考えていいでしょう。

銀行では、管理職のことを「役席《やくせき》」と言います。「役席」はだいたい「支店長代理」からであることが多いです。ただ銀行によっては、「主任」からを「役席」としているところもあります。

ここで注意しておきたいのが、④の「支店長代理」です。「支店長代理」という肩書きは一見、地位が高く見えますが、実は係長の次。つまり、そんなに高い地位ではありません。

「うわ、このおっちゃん、支店長代理やったんか。こら粗相《そそう》のないようにせな……」などと、支店長代理と会ったからといって、そんなに恐縮する必要はありません。行内にそれほどの権限をもっているわけでもないのです。

そして、銀行の支店には大きく分けて3つの部署があります。

①渉外、②貸付、③事務の3つです。

1つ目の「渉外《しょうがい》」。この渉外とは一般でいう「営業」のことです。銀行では、営業マンのことを「渉外担当」と言います。

2つ目の「貸付《かしつけ》」。その支店における与信《よしん》（融資や保証など貸付に関する行為を行うこと）に関する業務を行う部署です。

3つ目の「事務」。窓口対応や伝票の処理、お金を出し入れする出納《すいとう》などの業務を行う部署です。この部署のメンバーの多くは女性です。

この各部署にそれぞれ「渉外担当役席」「貸付担当役席」「事務担当役席」という責任者がいます。彼らがそれぞれの部署を取りまとめているリーダーで、部署の業務に関して責任を負います。

後で詳しく述べますが、担当者とパイプを作るよりも、「担当役席」とパイプを構築しておくほうが、顧客の紹介につながることが多いのです。

まずはこうした銀行の仕組みを覚えておいてください。

仕事を紹介してくれる銀行、してくれない銀行

「銀行が顧客を紹介してくれる」と私は言っていますが、すべての銀行が顧客を積極的に紹介してくれるわけでもありません。

金融機関は大きく5つの業態に分かれます。

まず、メガバンクとよばれる「都市銀行」です。昔は10行以上ありましたが、合併を繰り返し、今は3つになってしまいました。そして、各都道府県を代表する「地方銀行」、昔は相互銀行といっていた「第二地方銀行」、それと「信用金庫」「信用組合」です。

これらの中で「地域密着型金融機関」とよばれている「第二地方銀行」「信用金庫」「信用組合」の3つが比較的、顧客を紹介してくれる銀行といえます。

「都市銀行」や、規模の大きい「地方銀行」はなかなか顧客を紹介してくれないのが現実です。銀行の行員・職員には「人事査定《さてい》」がつきまといます。「人事査定」の良し悪しが昇進に大きな影響を与えます。

「査定」がいいと、人事異動の際も「よい部署・支店」（昇進しやすい部署・支店）に行けますし、「よい部署・支店」に行くことができれば、その先も出世のチャンスは広がります。

逆に「よい部署・支店」に行けなければ、銀行員人生の先行きが暗くなってしまいます。

だから、銀行員は「人事査定」をとても大事にします。その結果、「人事査定」に大きな影響を与える支店長にはなかなか逆らえない図式となっています。

都市銀行や地方銀行はとくにその傾向が顕著《けんちょ》です。

自分の「人事査定」を大事にするあまり、都市銀行や地方銀行の行員は自らの成績を上げることだけに腐心する人が少なくありません。

実際、私自身も「自分の成績を上げるためなら、顧客に損をさせてもかまわない」と言っていた行員を何人も見ています。

彼らは「顧客の役に立つ」「顧客に喜んでもらう」ことより、「自分の成績が上がる」ということを優先しがちです。

だから、「専門家を紹介する」ということに対しては、残念ながらあまり熱意をもっていません。むしろ、

「こんなちっちゃな会社に余計な手助けしたりして、あとあと面倒なことになって査定に響い

たらいやゃな」

というのが本音でしょう。

しかし、地域密着型金融機関は、都市銀行や大手地方銀行に比べ、店舗網も少なく貸出金利も高いのです。取引先の企業にとっては魅力的に映りません。

その不利な状況の中、取引してもらおうと思えば、「地元の顧客にどれだけ貢献できるのか」が重要となります。

また、地域に根付いた活動をしているので、地元の方々を大事にしたいと考えています。取引先の困りごとに対して解決のお手伝いをするのも、彼らの重要な仕事の一つになってくるのです。

ですから、地元の方々の役に立つことを提供することに力を注ぎます。

「役に立つ専門家を紹介する」ということは、顧客に手っ取り早く喜んでもらえる方法でもあるので、銀行員たちも積極的に専門家を紹介するという図式になってきます。

おすすめの銀行とは

どの銀行と付き合うかはとても重要です。

間違った銀行を選んでしまうと、メリットが全くありません。時間だけを無駄にすることになります。

ここでは、自分たちが付き合うべき「おすすめの銀行」についてお伝えします。

まず、考えるべきは「どんな目的で銀行と付き合うのか」ということ。

銀行により、享受できるメリットが変わってくるからです。

「決済用の普通預金口座を作りたい」のであれば、店舗網の多いメガバンクや大手地方銀行、ネット銀行がおすすめです。

店舗数が多ければ、無料で入出金ができる場所も多くなるため、入出金を頻繁にする場合は、上記銀行を選ぶべきでしょう。

「融資をしてほしい」のであれば、地元の銀行を選びます。

もし、あなたが年商50億円の会社を経営しているのであれば、メガバンクでも大事にしてくれます。

10億～50億円の会社を経営しているのであれば、地方銀行でも大事にしてくれます。

年商が5億円以下であれば、地元密着型銀行といわれている「第二地方銀行」「信用金庫」「信用組合」との取引をおすすめします。

自分の会社の規模が小さいのに、大手銀行と取引をしても、銀行にとっては規模が小さくて取引をするメリットがないから、ぞんざいに扱われることが多いのです。

都合のいいときにはちやほやしてくれますが、都合が悪くなると、すぐ切り捨てられる。そんな危険が潜んでいますので、融資取引をする場合は、身の丈にあった銀行とお付き合いするべきでしょう。

また、銀行を選ぶ際は、応対の仕方をよく観察してください。

店頭に座って30分もすれば、その銀行の雰囲気は見えてきます。

チェックポイントは、次の３つです。

①窓口の応対、②窓口の後ろの事務担当の行員とその後ろにいる男性行員の動き、③行員同士の会話の雰囲気、です。

窓口の応対が悪ければ、長く付き合っても不快になるだけですから、付き合いは避けておくべきです。

窓口の後ろの事務担当とその後ろにいる男性行員の動きが鈍ければ、その支店の事務処理能力が低いことになります。事務処理能力が低いと、何かとトラブルが起きやすいため、これも避けておいたほうがいいと思います。

行員同士の会話の雰囲気が悪ければ、その支店は淀んでいると考えて間違いなく、とくに融資をお願いする場合は、避けておいたほうがいいです。風通しの悪い支店というのは、仕事に対するモチベーションが低いため、融資についても積極的に対応しないことが多いからです。

銀行本体は仕事を紹介してくれない

本書のテーマを自分で否定するようですが、銀行自体は顧客を紹介してくれることはほとんどありません。

正確に言うと、「銀行が顧客を紹介してくれる」のではなく、「銀行員が顧客を紹介してくれる」のです。

銀行が自分の取引先に専門家を紹介した場合、もし、その専門家が紹介した取引先の迷惑になるような仕事をしたときに、

「おたくの銀行を信用して、紹介された専門家を使ったのに、とんでもない迷惑をかけられた。どないしてくれるんや！」

と、銀行本体にクレームがいきます。最悪の場合には銀行に損害賠償を請求されることもあります。

何かあったときに銀行自体が責任をとれるような専門家と認識してもらえれば、銀行からの紹介はありますが、実際のところ、そんな危ない橋を渡るような銀行はありません。

しかし、銀行には取引先からいろいろな要望があり、専門家を紹介してほしいと言われます。こういった要望をほったらかしにすれば、「あの銀行、全然頼りにならない」と取引先からそ

っぽを向かれてしまいます。

それを避けるために、各銀行員は「銀行員個人の責任」で、専門家を紹介してくれるのです。

銀行員が一番いやがるのは、取引先からのクレームです。

クレームが自分のところに直接来るのなら、自分でうまく対処した場合、自身の評価には傷がつきません。ですが、銀行本体や上司にクレームがいった場合は、自らの評価に悪影響を与えます。銀行として行動したことに関しては、当該銀行が責任をとる義務が発生するため、銀行の冠で事を起こすのを銀行員は極端にいやがります。


また、銀行が専門家を取引先に紹介したとなれば、当該支店と取引をしている同業の専門家から、

「なぜ、あの事務所だけ、この銀行は肩入れするんや。この銀行は顧客をえこひいきするんか？」

と面倒くさいことを言ってくる士業も現れかねません。

しかし、銀行員個人が紹介するのであれば、その銀行員と専門家との人間関係で紹介が起こりますので、そのようなクレームが出てきても、

「個人的に紹介させていただいただけです」

ということで、逃げることができるのです。

ですから、銀行員に顧客や仕事の紹介を頼みたいのであれば、

「銀行としてではなく、○○さん個人として紹介していただければうれしいです」と一言添えるだけで、銀行員はあなたのことをとても紹介しやすくなります。

同じ理由で、「支店に自分の紹介チラシを置いてください」とお願いしても、ほとんど引き受けてくれませんので、無駄なことはやめたほうがいいでしょう。

座っている場所から、何の担当かを類推する

一般的な銀行であれば、座っている場所からどういう担当かを類推できますので、うまく利用すれば効率よく営業がかけられます。


以下、一般的な銀行の例を記します。

まず銀行の入口をくぐると、横にＡＴＭがあったりして、正面に窓口があります。

窓口には「ハイカウンター」と「ローカウンター」の2種類があります。

ハイカウンターというのは、顧客が立って手続きをする窓口です。普通の出入金などのやりとりや、公共料金の支払い、振り込みなどに使用します。

入口から少し離れたところに、ローカウンターといって、少し低くなったデスクの窓口があります。ここは行員もお客さんも座って話をします。定期預金とか投資信託、さらに融資や貸付の相談など、時間がかかるやりとりを行う場所なのです。

ハイカウンターの後ろの席は、事務担当の行員のエリアであり、そこの一番後ろには事務担当役席がいます。

同じように、ローカウンターの後ろの席は貸付担当のエリアで、一番後ろに貸付担当役席がいるのです。

渉外担当は外回りがメインですので、一般的には客から見えない場所や、少し離れたところに席があります。

そして、フロアの一番後ろ、全体を見渡せる位置に支店長の席があるのが普通です。

銀行からお客を紹介してもらう上で、士業が仲良くなりたいのは、支店長・貸付担当役席・渉外担当役席の3人です。

整理すると、ローカウンターから見える大きな机の席には貸付担当役席が、あまり見えないところの大きな机に渉外担当役席が、そしてフロアの一番奥に支店長がいる、と考えればよいでしょう。1階ワンフロアしかない支店ではたいていそうです。2階がある場合は、渉外や貸付が2階に席をもっていることが多いです。支店長は全体を見なければいけませんから、2階がある場合でも、たいてい1階の一番奥に席があります。

さて、士業の方が飛び込みで銀行に営業をかけたとしましょう。

最近では入口付近によく案内係（庶務係といいます）がいますので、「どういった御用件でしょうか？」などと声をかけられます。

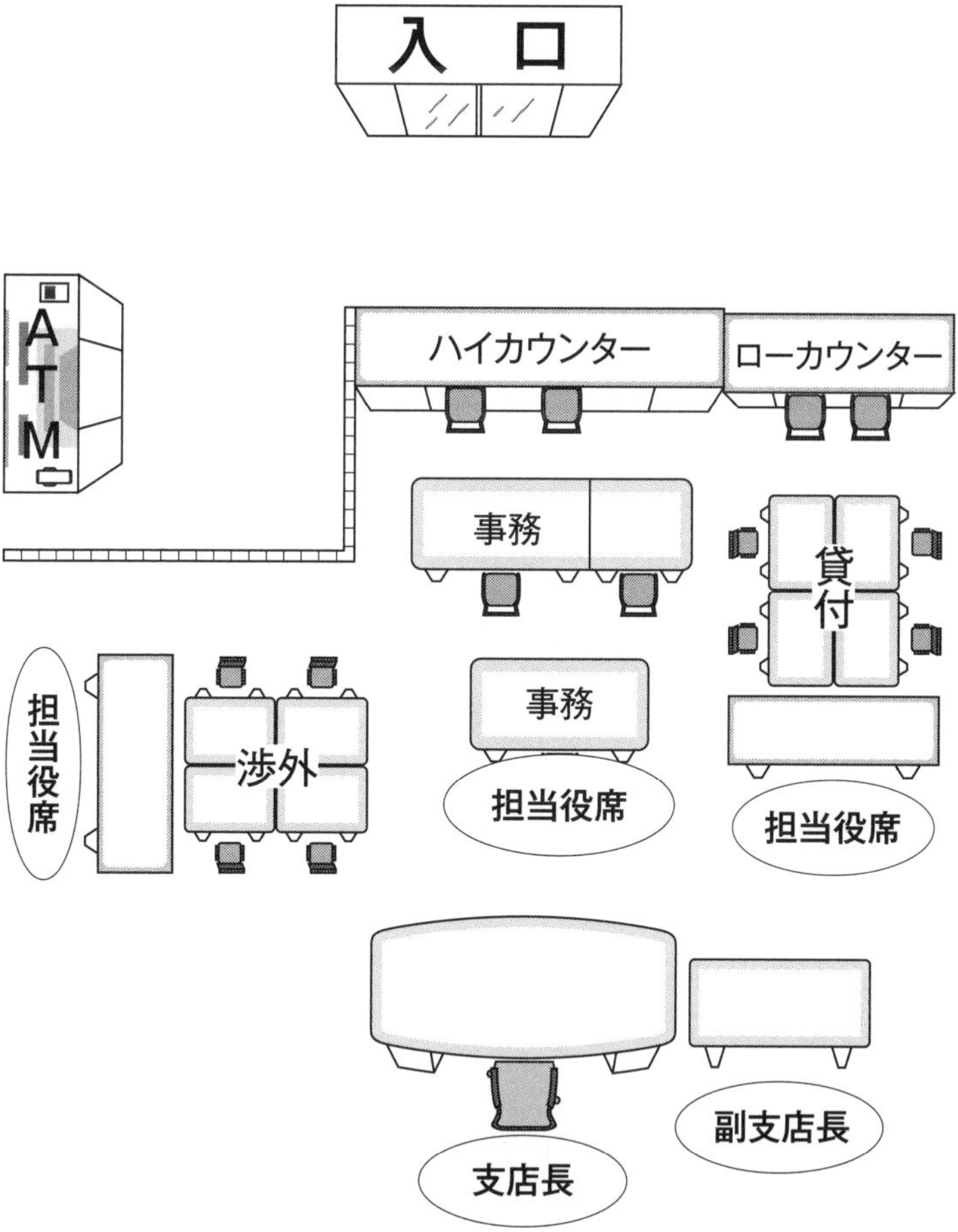

銀行の座席配置図

そこでこちらはこう言うのです。

「近所で税理士（もしくは他の資格）事務所を開いてるものですが、最近、地元の銀行さんとお付き合いがないなと思ってたもので、ご挨拶にうかがいました。支店長さん、いらっしゃいますか？」

まず自信をもっていただきたいのは、資格名を告げて、「近所で事務所を開いている」と言えば、まず断られることはありません。それが士業の強みです。

ポイントは、支店に入ったらフロアを見まわして、支店長、もしくは貸付か渉外担当役席がいることを確認した上で声をかけることです。

もし支店長がいれば、

「あ、あそこに支店長さんいてますね。ちょっとだけご挨拶させてください」

と言えば、いることを確認した上で声をかけていますから、向こうも居留守が使えなくなるわけです（あまりやりすぎるとあつかましいと思われるのでほどほどに）。

支店長が見当たらないようなら、役席を探して、同様に声をかけます。

また支店長や担当役席も、

「地元の士業だったら、仲良うしといて損はないやろ。誰か客もってるかもしれんし」

という計算がありますから、基本的には機嫌《きげん》よく応対してくれます。

このように、支店内の位置関係を把握して、誰がどこに座っているかを知っているだけで、営業に訪ねて行くときの効率が違うのです。

銀行員は取引先の課題を解決できない

金融庁の指導方針では、銀行員に取引先のコンサルティングをするようになっています。ところが実際のところ、ほとんどの銀行員には、取引先の問題を解決するような能力も経験もありません。

銀行員は、コンサルティングの勉強をしていません。自分が融資を担当した経験しかありませんから、もっている知識が非常に偏《かたよ》っている場合があります。

また、机上《きじょう》で融資を審査するだけで現場を知らないので、取引先の社長が納得できるような答えを出すことができないのです。

この「現場を知らない」というのは、銀行員の最大の弱点です。とくに中小企業の社長はたたき上げの人物が多いので、どれだけ銀行員にもっともなことを言われたとしても、「現場も知らん若造が、何言うてんねん！」と感情的に反発してしまい、聞く耳をもたなくなってしまうのです。

その隙間《すきま》を埋めるのが、専門家の役目です。

勘違いしてはいけないのは、専門家も「現場を知らない」という点では銀行員と同じです。とくに、コミュニケーション能力の低い専門家は、法律用語なんかを並べて小難しい話をしてしまうので、社長から「机上の空論や！」と嫌われてしまいます。

コミュニケーション能力の高い専門家は、そこをうまく話をするのです。

「私が顧問をしている別の会社さんでは、こんなケースがありました」

「このあいだお話しした社長さんは、こんなこと言うてました」

「だから社長さんも、こっちの方向へいったほうがええんとちゃいます？」

このように、現場を直接経験していなくても、現場を見てきたことをうまくアピールしながら話をすれば、社長も耳を傾けてくれるのです。

銀行員からすれば、自分の立場もわかってくれた上で、社長との隙間を埋めてくれるような形で話を進めてくれる専門家がいたら、本当に頼りにするでしょう。銀行員自身の言葉ではなく、専門家の口を借りて、言いたいことを言うのです。

そうすれば、銀行員は取引先に言いたいことを伝えられる、社長はアドバイスを聞き入れて経営が改善される、専門家は銀行員と社長の双方から信頼されて今後の仕事につながる、と、三者三様、それぞれのメリットが生まれるのです。

本来、「儲《もう》けたい」という目的は三者共通のはずです。その上で、立場の違いからすれ違いが生じている。その隙間をうまく埋めてあげれば、みんなから感謝されるのです。

お互いが求め合っているのに、すれ違いや反発を繰り返してうまくいかない。まるで韓流《はんりゅう》ドラマのラブストーリーのようですね。

ですから士業の立場としては、銀行員に対して、

「社長さん説得するとき、うまいこと言えへんのやったら、私が代わりにうまいこと言うてあげましょか」（これもあまりやりすぎると銀行員はいやがります）と伝えてあげると、銀行員は本当に助かるのです。

なぜ、銀行の担当者は頻繁に交代するのか

銀行の仕組みを知る上で大事なのは、「担当者が頻繁に代わる」という点です。お金がからむ仕事である以上、長い期間、同じ担当者が仕事を続けると、どうしても不正や癒着が生まれてしまいます。それを防ぐために、銀行では一般的に2～3年周期で人事異動があり、担当替えが行われるのです。

一人の銀行員が担当している取引先の数はどのくらいかご存じですか？

銀行の規模や場所によっても差がありますが、ざっと見積もっても２００～３００件といったところでしょう。これだけの数の取引先をかかえた銀行員が、２～３年で一度、担当替えをするのです。

さて銀行員は担当替えのとき、後任への引き継ぎに、どのくらいの時間をかけられるでしょうか？

これはどの銀行でも同じで、ほぼ3日間です。３００件の取引先を3日間で引き継ぐわけです。とうてい、満足のいく引き継ぎを行う時間がありません。だからアポなしで取引先をまわ

って、相手がいれば一言挨拶して名刺交換をする、いなかったら名刺をポストに入れてくる。これで引き継ぎは終わりです。

取引先によっては、注意すべき点をまとめた「引き継ぎ書」のようなものを前任者が作成したりしていますが、それもごく一部です。ほとんどの会社については、まともな引き継ぎはなされません。必要があれば稟議書を見るでしょうが、それも融資の前にあわてて目を通す程度です。銀行員はとにかく忙しいのです。

担当替えは銀行のシステム上、いたしかたないことなのですが、取引先は困ってしまいます。銀行の担当者と2年間付き合って、ようやく自分の会社のことをよくわかってくれ、融資の稟議書もしっかりした内容で書いてくれるようになったのに、またゼロから関係を作らなければいけません。

このような担当替えのときこそ、士業などの専門家が力を発揮できます。

先に述べたように、事業計画書などの書類作成に常日頃から士業が関わっていれば、なおのことチャンスです。

銀行の新しい担当者がきたときに、「この会社はこういうところですよ」とポイントを説明してあげ、「何かあったらいつでも連絡ください」と言っておけば、未知の取引先をたくさん抱えてアップアップしている銀行員にとっては「渡りに舟」です。

また、社長さんからしても、士業が間に入って、

「社長、〇〇銀行の新しい担当者に、私からレクチャーしときました」

と言えば、社長も煩わしい説明の手間が省けて大喜びでしょう。

銀行の新担当者と社長の間を、最短時間でつなげることができ、双方から感謝される。そして、士業からしたら銀行員に「恩を売って」、一気に仲良くなれるチャンスなのです。

どんな人でも、困っているときや不安なときに助けてくれた人には、全幅の信頼を寄せるものです。そもそも士業の使命とは、「困っている人を助ける」ことにあります。

銀行の担当替えというチャンスを利用して、銀行員と社長の双方から信頼を得られるよう、時機を逃さず行動していきましょう。

できる銀行員の見分け方

銀行員には、２種類の人種がいます。

ひとつは、「仕事のできる銀行員」。もうひとつは「仕事のできない銀行員」です。

仕事のできる銀行員と付き合うことができれば、顧客もどんどん紹介してくれます。いっぽう、仕事のできない銀行員からは、顧客の紹介はまったく期待できません。

どうすれば、「できる銀行員」と「できない銀行員」を見分けることができるでしょうか？

実は銀行員を観察すると、その違いははっきりとわかります。

少し例を挙げてみます。

・仕事ができない銀行員は、まず「お願い」をしてくる。
・仕事ができる銀行員は、まず「提案」をしてくる。
・仕事のできない銀行員は、「何かご用はないですか?」と抽象的に聞く。
・仕事のできる銀行員は「○○が必要なのではないですか?」と具体的に聞く。
・仕事のできない銀行員は、融資案件を手元で握っているので返事が遅い。
・仕事のできる銀行員は、すぐに稟議申請書を書くので返事が早い。
・仕事ができない銀行員は、30代後半になっても役職についていない。
・仕事ができる銀行員は、30代前半から役職についている。

これらのチェックポイントを注意して見ていれば、自然と「仕事のできる銀行員」と「仕事のできない銀行員」は見分けられるでしょう。

「仕事のできる銀行員」に出会った場合は、どんどん顧客を紹介してくれる可能性が高いので、本書で紹介しているようなあの手この手を使ってパイプを太めてください。

では、「仕事ができない銀行員」に当たった場合どうすればいいのでしょうか?

それは次の項目でお教えします。

仕事ができない銀行員に当たった場合どうすればいいか？

銀行員をさらに分類すると、２割の仕事ができるタイプ、５割の普通に仕事がこなせるタイプ、３割の使えないタイプに分かれます（これはどんな会社でも同じですね）。

「２割の仕事ができるタイプ」に当たったときは、融資も積極的にしてくれますし、いろいろな情報提供や、経営に役立つ提案もしてくれます。

「５割の普通に仕事がこなせるタイプ」は、こちらから融資を頼んだときには、無難にこなしてくれますが、積極的に情報提供や経営に役立つ提案はしてくれません。

そして最悪なのが、「３割の使えないタイプ」です。

このタイプに当たった場合、融資を依頼しても行動が遅く、多くの場合、資金が必要な日にちギリギリになるか、最悪の場合は借りられなかったりします。

仕事が遅く、そもそも能力が低いため、上司を説得できる稟議書が書けないからです。

一般的に、銀行では地区ごとに担当者を決めます。

担当者が３人いた場合、支店のテリトリーを３つに分け、それぞれの地区に担当者を配置します。

同じ地域に取引先を集中させたほうが、営業活動を行うのに効率がいいからです。

どの地区にどの担当者が配置されるのかは、とくにルールはありません。だから、仕事のできる担当者に当たるか、できない担当者に当たるかは、運次第なのです。担当についた直後は、その担当者が「使えるか、使えないか」はわかりません。しかし、付き合いを重ねていくうちに、使えない担当者は、チョンボをたくさんします。それでクレームをつけると、なかなか来なくなります。また、自分がした失敗を隠そうとして、失敗をなお一層広げてしまいます。その結果、取引先の会社を怒らせてしまう、というのがありがちなパターンです。

担当者が失敗続きでどうしても我慢できなくなったときには、その支店に担当者を代えてもらうよう依頼することができます。

その際に大事なのは、本人にクレームを言うのではなく、営業担当の責任者である渉外担当役席に、「担当者を代えてほしい」と直接言ってください（本人に言っても、上司に報告しないことが多いからです）。

あまりにもその担当者がひどい場合は代えてくれます。

その際には、「担当者によってこれだけの被害をこうむった」ということを、具体的な例を挙げて渉外担当役席に説明する必要があります。

なぜなら多くの場合、彼らは自分の失敗を上司に報告していません。銀行員は、自分のマイナス査定を極端に嫌うからです。

ですから、渉外担当役席も顧客からいきなり「担当者を代えてほしい」と言われても、事情がわかっていない以上、判断ができないのです。

実際に多くの被害を顧客に与えているということを渉外担当役席が認識すれば、担当者の変更に応じてもらえるでしょう。

先にふれたように、銀行員はだいたい2年から3年で人事異動があります。

逆に言えば、使えない担当者に当たったときは、2～3年もの間、迷惑をこうむるのです。そうなると、自らの事務所の経営に悪影響を及ぼしますので、使えない担当者と見切りをつけた場合は、早急に担当者を代えてもらうように依頼したほうが得策でしょう。

なお、銀行に担当者の件でクレームをつけるのは、取引先企業からすれば勇気のいることであり、言いづらいことです。その会社の代わりに士業が対応してあげると、社長からすれば、「銀行さんに言いづらいこと言ってくれて助かったわ～。このセンセは頼りになるな」と、感謝されることでしょう。

税理士さん　求む！

ここで少々、私の体験談をお伝えします。

「銀行員には知り合いの士業やコンサルタントはほとんどいない」とお伝えしましたが、金融機関職員時代の私もそうでした。

一般（ヒラ）行員のうちはそんなに不便はなかったのですが、支店長代理、渉外担当役席に昇進してからは、そんなわけにはいかなくなりました。

「○○の問題で困っているんやけど、この問題に詳しい人がいたら紹介してくれへん？」

と、取引先から相談されることが多くなったからです。

渉外担当役席という仕事柄、ときどき、部下の渉外担当者と取引先へ同行訪問します。担当者レベルでは見つけきれないお客様のニーズを見つけにいったり、彼らでは解決できない取引先の困りごとを解決しにいくためです。

お客様は渉外担当者に対して、普段の雑談の中でいろいろなSOSサインを出しているものです。

「最近、相続でもめて困っているんや」

という何気ない一言を取引先の社長が漏らしたときに、SOSサインに気づいていない担当者は、

「そうなんですか。それは大変ですね」

と、さらっと流してしまいます。

社長からすれば、その一言から、担当者に何かアドバイスとか、専門家の紹介といった何かのリアクションを期待しているのです。

しかし、SOSサインに気づかずに流してしまうと、相手の不満へとつながります。小さな不満がたまっていくと、担当者に対して不信感をもつようになり、やがて関係が疎遠《そえん》になってしまいます。

そういう状況になるのを防ぐために、また声にならない顧客の要望を聞きに、渉外担当役席は渉外担当者と同行訪問を行うのです。


いっぽう、大きな声の要望もあります。

ある日、部下の渉外担当者が、

「ヒガシカワ代理。○○社の社長が『至急にお願いしたいことがある』と言っていましたので、一緒に訪問してもらえますか？」

とお願いしてきました。

お客様の要望ですから、すぐ○○社を訪ねました。すると社長はいきなり、

「ヒガシカワ代理。１週間以内に税理士を紹介してもらえませんか？　今の税理士は税務署の言いなりで、ひとつも交渉をしてくれない。あんな頼りにならない税理士はもうお断りやわ。来週もう一度、税務署が来るので、きちんと交渉してくれる税理士を頼んます！」

とまくしたてられたのです。

その勢いに押されて、思わず「はい！　わかりました」と言ってみたものの、私には紹介できるような税理士の知り合いは一人もいませんでした。

「支店長なら税理士の知り合いぐらいはおるやろ」

と楽観し、支店に帰って支店長に報告しました。

「○○社長が税理士を至急紹介してほしいと言っています。支店長、誰かいい税理士、知り合

いにいらっしゃいませんか？」

と聞いたところ、支店長からは驚きの一言が。

「ワシ、税理士の知り合い、いてないで」

支店長を当てにしていた私は大あせりです。

どうしようかと悩んでいましたが、悩んでいても税理士は見つかりません。

1日、2日と、税理士は見つからないまま時間が過ぎていきます。


当時、私が所属していた支店では2カ月に1度、若手経営者を集めて「経営者勉強会」という勉強会を行っていました。

その勉強会には「参加者は、自分の知り合いの若手経営者を一人連れてくること」というルールがありました。いつも同じメンバーでは勉強会自体が活性化しないのと、新たな人脈を作るために決めたルールです。

社長から相談があった3日後、その経営者勉強会がありました。

勉強会の責任者をしていた私は、司会を担当することになっていました。

心の中では「それどころあらへんわ～」とあせっていましたが、そんな気配を微塵《みじん》も見せるわけにはいけません。

その日のレギュラーメンバーの参加者は6名で、ゲスト参加者も同じく6名です。

勉強会がはじまる前に、ゲストの方々と名刺交換をすると、そのゲストの中に税理士の方がいらっしゃったのです。

その名刺を見た瞬間、思わず私は言ってしまいました。

「税理士さんですか。本当にすみませんが、明日か明後日、ちょっとお時間をもらえませんか？　私のお客様で税理士の先生を探している方がいまして、紹介してくれと言われとるんですが、知り合いがいなくて困っていたんです。助けると思うて、一度、その社長のところに行ってもらえませんか」

初対面だったにもかかわらず、いきなりお願いしてしまったのです。

もう、「税務署対応に強い税理士」などにこだわってはいられません。とりあえず一人、税理士を連れて行けば、先方に迷惑をかけずに済むということしか考えていませんでした。

不躾《ぶしつけ》なお願いにもかかわらず、その税理士さんは「いいですよ」と快諾してくれました。

また幸運なことに、「税務署対応」に長《た》けていた税理士さんだったので、社長に紹介するとものすごく気に入ってくださり、そのまま顧問契約となったのです。

取引先の会社から専門家の紹介を頼まれることは、その後も何度かありました。

ですが、その税理士さんと仲良くなってからは、知り合いの方を紹介してもらえるようになったりして、専門家の紹介には困らなくなりました。

私のケースは銀行員にとって、決して珍しいことではありません。

銀行員は本当に、士業やコンサルタントの人脈がないのです。

だからこそ、銀行員と深い人間関係を作れば、お客さんの紹介がどんどん出てくるのです。

「何を知っているか？」ではなく「誰を知っているか？」

社長は、経営上のことで悩んだとき、誰に相談するでしょうか？

まず一番はじめに相談するのは、自分のところの顧問税理士です。

通常、税理士は毎月1回程度、顧問先の社長と話をします。そこでする会話はもちろん、経営に関する数字のことです。社長は他に相談できる人もいないため、顧問税理士にさまざまなことを相談するのです。

懇意にしている税理士がいない場合や、気軽に相談できる関係が構築できていない場合、社長の次なる相談先は銀行です。

とくに、「専門家を紹介してほしい」「業者を紹介してほしい」などといったときには、税理士よりも銀行に先に相談することもあります。

銀行はあらゆる種類の取引先を抱えています。個人、法人、サラリーマン、社長、学生、主婦、個人事業主、中小企業などなど。

取引先の業種もさまざまです。製造業、卸売業、小売業、農業・林業・水産業、建設業、不動産業、サービス業など……。

それをよく認識している社長は、「こんな業種の人と知り合いたいんやけどな〜」というときには、銀行に「紹介してくれませんか？」とお願いしてきます。

さて、たしかに銀行はいろいろな業種の方々と取引をしています。取引先データベースを調べれば、顧客から依頼された業種の仕事を行っている会社を見つけることはできるでしょう。

ところが、顧客の要望に応えられる人や会社を紹介できるかどうかは、また別物なのです。

人と人、会社と会社のマッチングを成功させるためには、次の2点を正確に把握することが不可欠です。

・紹介を希望している人や会社のニーズ
・紹介すべき人や会社がどんなことをしているのか（そのような能力があるのか）

「紹介を希望している人や会社のニーズ」については、紹介を希望している人・会社が「○○ということができる人（会社）を紹介してほしい」と言ってくれるので、比較的把握しやすいでしょう。

いっぽうで、「紹介すべき人がどんなことをしているのか（そのような能力があるのか）」については、よほど、その個人や会社のことを知っていないと、ニーズに当てはまるようなマッチングはできません。

そういう〝生〟の情報は、銀行の顧客データベースには入っていないのです。

社長は「銀行はいろいろな人と取引している」と思っているために、「○○ができる人を紹介してくれませんか？」と、簡単に依頼してきます。

そして、仕事ができる銀行員であればあるほど、顧客同士をよくつなげます。

自分の担当先の顧客が「誰を欲しがっているのか」「どんなことをしているのか」を正確に把握しているからこそ、「この人とこの人が知り合いになれば、お互いのビジネスにメリットになるだろうな」という勘をつねに働かせています。

頭の中に、その銀行員独自の「高性能の取引先データベース」があるのです。

銀行員の頭の中にあるデータベース上での「重要度」（＝役に立つ度合い）が高くなればなるほど、顧客を紹介をしてくれる確率が増えるのは言うまでもありません。

銀行員にとって大事なのは、「何を知っているか」ではなく、「誰を知っているか」。

「誰かいないかな？」と銀行員が思ったとき、真っ先に名前が浮かぶ存在になることこそ、顧客の紹介を引き寄せるカギなのです。

こんなときに銀行は顧客を紹介してくれる

銀行員は、どんなときに顧客を専門家に紹介してくれるのでしょうか。

大きく分けて、次の４つのパターンが考えられます。

①専門家の力量を認識したとき
②タイミングがぴったり合ったとき
③相手のアンテナを立てられたとき
④とても仲良くなったとき

それでは順番に解説していきます。

①専門家の力量を認識したとき
銀行員は銀行の看板を背負っていますから、海のものとも山のものともつかないような人間を顧客に紹介するわけにはいきません。

でも、何かのやりとりの際にふと「この人、仕事できるわ」「うわ、こんなことも知ってるんや」と銀行員に思わせることができれば、後々、顧客の紹介につながってくる可能性は高いです。

それではどうやって、銀行員に専門家としての力量を見せればよいのでしょうか。

効果的な方法を一つお教えします。

まずは、顧問先の社長が銀行に行くときに、なるべく同行するようにしましょう。そして、銀行員・社長・専門家の３人で雑談するというシチュエーションを作ります。本来、取引先の社長と担当の銀行員だけで話せばいいところに、あえて同席するのです。

最近の若い銀行員は、頭はよくてもコミュニケーション能力に難がある人物が多く、海千山千の社長との会話が、うまくいかないことがよくあります。私は銀行の渉外担当の研修をやることもありますが、若手の渉外担当に「仕事で困ってることありますか？」と聞くと、「お客さんと何を話していいのか、また何を聞けばいいのかがわからない」という声をよく聞きます。雑談だけでなく、融資などのシビアな案件になってくれば、なおのことギャップが生まれます。

そこでタイミングよく2人の間に入って、

「社長、そうは言っても、銀行さんにも事情があるんやから……。たとえば、××というような線で考えてみてはいかがです？」

というような形で、少し銀行よりのスタンスで話をまとめるようにもっていくのです。

すると銀行の担当者からすると、「このセンセがおって助かったわ～」と、ひそかに恩義を感じてくれますし、また専門家としての力量を認識してくれます。

もちろん、同行する社長とは、

「社長、ここで銀行さんを抱き込んでおけば、後々こっちも得ですから」

と、事前に口裏を合わせておくのは言うまでもありません。

②タイミングがぴったり合ったとき

これはわかりやすい話です。銀行員は、顧客からさまざまな悩みごと、困りごとの相談を受けます。そういう相談ごとが発生したときに、

「そういえば先週、名刺交換した税理士さんがいてたな。ちょっと電話してみるか」

と、とくによく知らない人でも、タイミングよく紹介が舞い込んでくることがあります。

こうした案件がいつ発生するかは誰にもわかりません。ですから、タイミングをつかむためのコツはたったひとつです。

とにかく頻繁に銀行へ足を運ぶこと。

これだけです。

たとえば、専門家に依頼したい案件が年に2回、発生するとします。もし年1回しか銀行を訪問していなければ、案件と案件のはざまに訪問したりしてタイミングを逃すことになります。でも、毎月1回訪問していれば、2回とも案件をゲットできる確率は高まります。ですから、タイミングを合わせるために、できるかぎり頻繁に銀行へ足を運ぶ必要があるのです。

③相手のアンテナを立てられたとき

銀行員は専門家と会って、資格の名前を聞いたとしても、具体的にどのような仕事をしているのか、何ができるのかを正確にわかりません。ただ単に「税理士です」「中小企業診断士です」と資格名だけを言っても、漠然《ばくぜん》とした「その他大勢」の中にあなたもうずもれてしまいま

す。

銀行員に自分のことを印象づけるためには、相手のアンテナが「ビビッ」と立つようなキーワードを、雑談の中に入れていくのがコツです。

「私、相続関係はめっちゃ得意ですから、その手の相談ごとがあったら力になれますよ。このあいだも、相続税対策をしたいというお客さんのために、二世帯住宅を提案したところなんです」

こんな話をしておけば、銀行員は「相続」「二世帯住宅」といったキーワードにアンテナが立ちます。

今度、その銀行員が別のお客さんのところで二世帯住宅の話題になったとき、

「僕の知り合いの税理士で詳しい人がいますから、今度連れてきますよ」

と話が展開し、案件につながりやすくなるのです。

銀行員の立場で考え、顧客との会話でありそうなシチュエーションを想定した上で、こちらからそのキーワードを撒《ま》いてあげるのです。銀行員のアンテナが立ちそうなキーワードを、常日頃から準備しておくようにしましょう。もちろん、いざ案件が発生したときにそれに対応できるだけの力を身につけておくことは大前提です。

④とても仲良くなったとき
これは銀行に限った話ではありません。どんな業種であれ、仲良くなった人同士なら、

「こういうお客さんあったら紹介してな、頼むわ」

「おう、探しとくわ」

こんな会話だけで、仕事が決まっていきます。

人と仲良くなるには、難しいことを考える前に、とにかく何回も会うことです。前項でも触れましたが、とにかく頻繁に銀行へ足を運びます。

そして、まずは銀行員と食事に行けるような関係になることを目指しましょう。テクニックとして、架空のお客さんの話をして、

「うちのお客さんで、こんなことで困っている人がいるんだけど、ちょっとアドバイスもらえませんか？」

と雑談の中で質問をします。銀行員が何かのアドバイスをしたらそれを持ち帰り、後日、

「先日のお客さん、アドバイス通りにしたらうまくいきましたわ。これで私の顔もつぶれんですみました。ありがとうございます。お礼に、今度飯でも奢りますわ」

これで、ほぼ１００％、食事に連れ出すことができます。

わざと借りを作ることで、相手との心理的な距離をぐっと縮めるのです。

ちなみに食事を奢るぐらいなら、銀行員の立場としても問題ありません。融資を受けたいがために接待する、みたいなことは少々問題ですが……。

人間関係ができていれば、融資を受けている支店長と飲みに行く、なんてことも普通にありますので、そこは常識の範囲内でやればいいでしょう。

銀行が顧客を紹介してくれる理由① 取引先の悩みの解決策を提供する

この章のまとめの意味もこめて、銀行が顧客を紹介してくれる理由について3つの角度から触れておきます。

まず1つ目に、「取引先の悩みの解決策を提供する」ということがあります。

そこそこのキャリアがある銀行員が取引先企業を回ると、

「今こんなことで困ってるんです」

などといろいろな悩みごとや困りごとの相談を受けます。

ところが、銀行員は自分自身でその解決策を出すことができないので、

「大変ですね〜。がんばってくださいね」

で終わってしまうのです。

そんなときに、こう言うだけで全然違うのです。

「社長、それやったら、解決できるかどうかはわかりませんけども、アドバイスくれそうな専門家を知っているので、今度一緒に連れてきていいですか？」

その後、実際に問題が解決するかどうかは状況次第ではあります。しかし銀行員の立場からすると、「お客さんに貢献しようという気持ちを形として表すことができた」というのが、非常に大きいのです。言い換えれば、「ええかっこができた！」ということです。

銀行員はそうやってお客さんに「貸し」を作ることで今後の交渉が有利になる、社長は問題解決への手掛かりをつかむことができる、専門家は新たな顧客と仕事を得ることができる……と、三者三様、それぞれにメリットがあり、皆がハッピーになれるのです。

ところが、このような角度で銀行にアプローチをかける専門家もいなければ、銀行員もそんな視点はもっていません。だからこそ、銀行からうまくお客をもらえる士業は、そのメリットを独占できるチャンスなのです。

銀行が顧客を紹介してくれる理由②
自分で手伝えない仕事をアウトソーシング

２つ目に、忙しくて手が回らないので、自分で手伝えない仕事をアウトソーシング（外部委託）したいという理由があります。

たとえば「リスケ」と呼ばれる、融資返済額の減額交渉があります。リスケをする際には、企業は「経営改善計画書」という書類をきちんと作らなければいけません。ところが、経営改善計画書を作れない、また作る人手がないという取引先はけっこうあります。そのため多くの場合、担当の銀行員が代わりに経営改善計画書を作らざるを得ないのです。

同じように、融資の稟議書を通すための資料として必要な事業計画書や、資金繰り表などといった書類も、社長ができない場合に銀行員が代わりに作っているケースは日常的にあります。

こうした書類は、きちんと作ろうと思ったらたいへんな手間がかかります。その書類を代わりに書いてくれる人間がいて、かつ、その費用負担を取引先企業がしてくれるというのは、銀行員にとって本当に助かることなのです。

たいていの銀行員は、ただでさえオーバーワークの状態です。リストラの波にさらされ、行員の数はどんどん減っています。ところが、業務は大げさではなく昔の10倍近くに増えています。昔は、預金を集めて、融資をするという2つの仕事だけしていればよかったのです。

ところが現在はそれだけでは経営が成り立ちませんから、投資信託や保険といった金融関連商品を数多く扱うようになりました。それらを扱うには専門の資格がいるので、そのための勉強もしなければなりません。コンプライアンス（法令順守）が謳《うた》われる中で、商品についても正確な知識を有していないと、いつ顧客からクレームが入り社会的バッシングを受けるかわからない。金融庁の監査も厳しくなったため、さまざまな報告書の提出も求められます。もちろん稟議書も書かなければならない。取引先もまわらなければならない。時間がないから書類を持ち帰って作業をしようとしたら、「情報漏洩《ろうえい》だ」と言われる……。これは都銀も地銀も信用金庫も、みんな一緒の状況です。

「どないせえっちゅうんじゃ！」

多くの銀行員はそう叫びたい気分でしょう。

経営改善計画書などの書類作成は、本来、銀行員の業務ではないため、銀行から直接どこかへアウトソーシングするわけにはいきません。

そこで取引先の企業に、

「社長、私の知り合いで、すごく仕事のできる税理士さんがいますよ。経営改善計画書の作成とか、手伝ってくれはりますので、今度ご紹介します」

という感じで専門家を紹介するのです。

専門家の立場からしても、銀行員や社長に対して、

「僕が入ったら、お二人の仕事がこんなに楽になります」

という角度でアプローチするのは非常に有効です。

銀行員も社長も自分の仕事が減り、かつ正確な資料ができるため融資やリスケの稟議も通りやすくなる。結果的には、皆が喜ぶことになります。

銀行が顧客を紹介してくれる理由③　貸しを作りたい・借りを返したい

３つ目に、「貸しを作りたい・借りを返したい」という人間の心理があります。

突然ですが、「返報性《へんぽうせい》の原理」という言葉を皆さんご存じでしょうか？

人間は、他人から何らかの施しを受けると、「お返しをしなければならない」という感情が生じるものです。

とくに銀行員は職業柄か、律儀な人が多いので、この「返報性の原理」がよくききます。

仮に、専門家である我々が、先に銀行員に対してお客さんを紹介したとしましょう。銀行員からすると、借りを作ったままでは落ち着かなくて、仕方がないわけです。借りがあるままでは、お客さんのところへ行きづらい、という行員も少なくありません。

「あのセンセにはこないだお世話になったしな〜、なんとか、早めにお返ししとかんとな。誰か紹介できるお客さんかなんか、おらへんかな?」

という心情になり、アンテナの感度が鋭くなります。貸しを作るときは必ずしも大きな貸しでなくてもかまいません。それこそ、先に挙げたように、社長さんとの会話の場で助け舟を出してあげるだけでもいいのです。

最初に専門家の側がわざと借りを作って、銀行員を食事に誘ったりしながら、徐々に人間関係を築きつつ仕事を紹介してもらうのは、長期的に「返報性の原理」を応用しているといえましょう。

また、銀行員も「返報性の原理」を期待しているところがあります。専門家に貸しを作っておけば、後々、顧客の相談ごとなどに乗ってもらえるからです。顧客の相談ごとというのは専門家にとっては仕事になりますから、お互いに「返報性の原理」を応用し合って、仕事を紹介し合えればベストな関係といえます。

第3章　銀行員とのパイプの作り方

銀行とパイプを作るのに一番手っ取り早い方法

「銀行とのパイプを作りたいんやけど、どうやって作ればいいかわからないんですわ。どないしたら、ヒガシカワさんみたいにパイプを作ることができるんですか？」

とよく聞かれます。

「中小企業診断士のヒガシカワです。いきなりですけど、仲良くしてもらえませんか？」

と、飛び込みで銀行を訪ねていっても、銀行員は話を聞いてくれます。ですが、飛び込み営業は心理的にもハードルが高いのは事実です。

精神的に負担が少なく、かつ、銀行とパイプを作るのに一番手っ取り早い方法は、「自分の顧客と一緒に、定期的に銀行を訪問する」ということなのです。

「なんや、そんなことかいな」

と思うかもしれません。ところが、多くの人が見落としている点なのです。

中小企業の社長の多くは忙しいため、銀行を定期的に訪ねて自社の事業に関する報告をするという律儀《りちぎ》な真似はしません。試算表を定期的に提出する中小企業もかなり少ないのが実際のところです。

しかし、銀行にとっては、定期的に業況報告をしてくれる企業は、とてもお金を貸しやすいのです。

銀行が一番知りたい情報は、「この会社が今、どのような状況になっているのか」ということです。リアルタイムの情報を知っておけば、その会社が近い将来にどうなるか、予想もできますし、その状況に対応する準備ができるからです。

また、毎月業況を報告するようなまじめな企業には、支援したくなるというのが人情です。実際、毎月の報告を1年間続けていたところ、借りられる金額が3倍以上になったという会社もたくさんあります。

しかし、社長は毎日忙しく、なかなか銀行に行きたがりません。

そこで、士業のあなたが社長に対して、

「社長、私も一緒に行きますから、ちょっと銀行に顔出しときましょ」

と言って、銀行に同行するのです。

縁もゆかりもない銀行に飛び込み営業をかけるのは心理的に抵抗がありますが、「お客様と一緒に訪問する」というのはきわめて自然な行動であり、心理的な抵抗感はまったくなくなります。

それに、銀行の担当者も「この人はこの会社の顧問なのだから」ということで、同席することに疑問を感じません。むしろこれまで述べてきたように、銀行員は士業が同席することをありがたく思っています。

毎月、社長の銀行訪問に同伴することで、あなたは貸付担当者と1カ月に1回、自然に会うことができます。

半年で6回も会えれば、その銀行の貸付担当者とは、世間話ができるぐらいの関係ができているでしょう。

「貸付担当者と世間話ができる関係」を作るのは、普通に考えるとなかなか難しいのですが、顧客に同伴して銀行を訪問するだけで、その関係を簡単に作ることができます。

銀行を定期的に訪問するだけで、顧客にとっては「資金調達力が格段に高まる」というメリットがありますし、銀行にとっても、「取引先の業況をリアルタイムに把握することができる」というメリットがあります。

それよりも何よりも一番メリットを享受《きょうじゅ》するのが専門家であるあなたです。

顧客に貢献して信頼感を築くと同時に、銀行とのパイプも自然とできるのですから。

銀行の担当者は本当にお客を紹介してくれるのか？

銀行で仕事を紹介してくれるのは、次の4名といっていいでしょう。

・担当者
・渉外担当役席
・貸付担当役席
・支店長

それ以外の銀行員から仕事の紹介を受けることはめったにありません。稀《まれ》に「事務担当役席」から相続案件の紹介をうけることはありますが、本当にレアなケースです。

「担当者」というのは、あなたの事務所に来てくれる「渉外担当者」のことです。「渉外担当者」は入行1年目から10年目ぐらいまでの係長以下ということが多く、たくさんの取引先（１００件以上）を抱えています。

まずは、その担当者と知り合いになってください。

担当者と知り合いになるためには、地元の銀行に口座を開いて取引を行い、渉外担当者をつけてもらうことが第一歩です。

しかし銀行によっては、取引内容（預金取引のみ。取引金額が少ないなど）次第で担当者が来てくれないところもありますので、注意が必要です。

ただ担当者と知り合いになるだけでは、その先の顧客の紹介は発生しません。

次にしなければならないことは２つです。

・仲良くなって、担当者が頻繁に事務所を訪ねてくる関係を作ること
・自分が何をしている専門家なのかよく認識させること

悲しいかな、若手の銀行員とは世間知らずなものです。

よく接しているはずの税理士でさえも、「決算書を作るお手伝いをしている人」ぐらいの認識しかありません。税理士が、顧客の経営上の問題に対しどういった解決策を提示できるのかということまではよく知りません。

社会保険労務士や行政書士に至っては、何をする人なのか、ほとんど知らないのです。

専門家であるあなたが、「私は○○士です」と言ったところで、相手の銀行員は、その仕事が何をするのかをよく知らないため、どんな人を紹介すればいいのかさえわかりません。

ですから、「自分がどんな仕事をしているのか」「どんな顧客を紹介してもらいたいのか」を具体的に知ってもらわなければ紹介が発生しないのです。

1度や2度会って話をしたぐらいでは、自分が何者なのか認識してもらえないのです。

だから紹介を発生させるためにも、まずは担当者と仲良くならなければなりません。

何度も会わなければよい関係は作れませんから、大事なことは、知り合いになった担当者と何度も会う方法を考え、実行することです。

どうすれば何度も会えるようになるかについては、後ほど、その方法を紹介します。

取引先からの紹介で銀行の担当者と知り合う

担当者と仲良くなるためには、まず、仲良くなりたい銀行を決めなければなりません。

前にも書きましたが、仲良くなるべきは大きな銀行よりも、地域密着型金融機関。それも、自分の事務所がある地元の銀行を選んでください。

地元の銀行を選ぶのは、それが一番自然だからです。自分の事務所から遠方の銀行を選んでも、「うちのテリトリー外です」と断られることもあります。

目当ての銀行とその支店が決まれば、一番はじめに行うべきことは、その支店とすでに取引のある知り合いがいないかを探すことです。

銀行員は、常に新規取引先を探しています。そのために渉外担当者は、飛び込み営業を日々繰り返しているのです。

当然、すでに取引があって懇意《こんい》にしている顧客には、「新規の取引先を紹介してください」とお願いしています。

銀行員は顧客から、新規取引先の紹介を受けると、とても喜びます。

そして紹介した顧客の顔もあるので、大事に取り扱ってくれます。第一印象がいいので、その後、いい関係を築きやすいのです。

紹介されたときは、精一杯フレンドリーに接してください。

「いつでも事務所のほうに遊びに来てくださいな。協力できることは、なんでもやらせてもらいます」

「まず、普通預金で口座を開かせてもらいましょか。明日にでもうちの事務所にきてください」

と言うと、銀行員は喜んであなたの事務所を訪ねてきます。

翌日、普通預金口座を作る手続きをし、そこで、いろいろと雑談をします。

最近の若い渉外担当者は、話をするのが苦手な人も増えてきています。あなたから、いろいろと話題を提供して場を盛り上げてください。それで、相手はリラックスすることができ、

「ここは訪ねやすい事務所やな。このセンセも感じええ人やな」

と思ってもらえます。

訪ねて行きやすい場所だ、と思ってもらえることで、その後、何回も訪問してもらえるようになるのです。

後日、担当者が、開設した口座の通帳をもってきてくれます。そのときにも雑談をしながら、再度こう言うのです。

「そんなに大したことはできませんけど、少しぐらいなら協力させてもらうので、キャンペーンか何かあったら声をかけてくださいな」

と伝えてあげることで、相手はより訪問しやすくなります。

そして、普通預金通帳を作って1週間以内に、

「今度、定期預金口座も作りたいので、一度、事務所に寄ってもらえませんか？」

と連絡をすると、担当者は喜び勇んで駆けつけてきます。

事務所で定期預金の申し込み手続きをしながら、また雑談。後日、その定期預金通帳を届けてもらったときにまた雑談ができます。

約10日間で５回、担当者と会うことができます。

短期間で５回もあれば、かなり担当者との心理的な距離が近くなっています。そこから、より親密な関係を作ることができるのです。

自ら銀行を訪問して銀行の担当者と知り合う

目当ての銀行と取引をしている知り合いがいなければ、自分でパイプを作るしか方法はありません。その方法をお教えします。

まず、支店の窓口に行って普通預金の作成を申し込みます。

応対は窓口の女性（たまに男性が応対することはありますが）がしてくれます。

申込書と本人確認書類を渡すと、番号札を渡されて「通帳ができ上がるまでしばらくお待ちください」と言われます。

そこでいったん、支店の外に出て、すぐ窓口に戻って、

「すんません。急用ができたので、また、後ほど通帳を取りに来てもいいですか？」

と言ってください。

もちろん相手は「いや」と言えませんので、「それでは後ほどお待ちしております」と言わ

れるでしょう。

事務所に帰ってから午後3時までに、先ほど訪問した支店に電話して、

「すみません。後で通帳を取りに行く予定でしたが、今日中にそちらに行くことができなくなってしまったんです。午後4時以降に事務所に戻ってきますが、その後、事務所でアポがあり、伺うことができません。明日も一日外出する予定ですので、明後日に取りに行ってもいいですか？」

と伝えてください。

すると電話に出た担当者は、

「それでしたら、お客様のいらっしゃる地区の担当者にお届けさせていただきますが、本日午後4時以降にお伺いさせていただいてもよろしいでしょうか」

と言ってくれます。

とくに窓口で番号札を預かっている場合は、当日中にその番号札を回収しなければならないことが多いため、かなり高い確率で担当者が届けに来てくれます。

そこに来た担当者と雑談をしながら、

「せっかく来てもらったので、手ぶらで返すのは悪いから、また、明後日でも定期預金をさせてもらいます。よろしければ、明後日にまた、来てもらえますか」

と言って、明後日に会う約束をします。

そこから後は、前項と同じパターンで、何度も会って雑談をするようにすれば、紹介でなく

ても、担当者との関係は構築できます。

紹介にせよ、自分で開拓したにせよ、それで終わったら、仕事の紹介につながりません。大事なことは、定期的に会う回数を増やすことです。普通預金や定期預金とは別に、毎月会えるような状況を作る必要があります。

信用金庫や信用組合であれば、積立定期や定期積金《つみきん》（毎月決まった日にお金を預けることのできる貯蓄商品）を扱っていますし、その集金も担当者がしてくれますので、こういった積立定期や定期積金をして、同じように会う回数を増やす方法もあります。

それだけで、相手も毎月1回は訪ねてきてくれますし、その際に、「自分が何をしている人なのか」という情報を伝えていきます。担当者のアンテナはだんだん感度がよくなるので、顧客の紹介につながる確率が上がります。

銀行では渉外担当役席が一番お客を紹介してくれる

渉外担当役席とは渉外担当（営業担当）を束ねている責任者のことです。

小さな支店では5名程度、大きな支店においては10名以上の渉外担当がいます。

これら渉外担当者の上司であり、責任者が渉外担当役席です。

役職は「支店長代理」「課長」「次長」などのことが多いですね。

彼らは、渉外担当のリーダーですから、部下の動向を把握しています。

ほとんどの銀行では、渉外担当に「訪問実績表」などの報告書を毎日作成するよう義務づけています。

その「訪問実績表」に記載することは、次の3点です。
①取引情報（顧客から現金や書類等を預かったというような銀行取引に関する情報）
②融資情報（取引先の融資に関する情報）
③顧客情報（取引先に関するあらゆる情報）

「訪問実績表」で重要視されているのは、「②融資情報」と「③顧客情報」です。

この2つの情報は、預金や融資といった成果に直結するからです。

だからこそ、渉外担当役席は部下の渉外担当に、

「取引先のことは、どんな情報でもいいから集めてこい」

と指示を出しています。

渉外担当も、すぐに成果につながる情報を集めることができればいいのですが、なかなか有効な情報は集まりません。

それでも何か「訪問実績表」に情報を書いていないと渉外担当役席に怒られるので、必死になって、何らかの情報を書き込みます。

私は昔、あまりにも情報が集まらなかったため、「訪問実績表」に半ばヤケクソで「Aさんのところに犬の子供が生まれました」と書き込んだことがあります。

その訪問実績表を見た渉外担当役席は、私を呼びました。

「なめとんのか！」と怒られるものと覚悟していましたが、そうではなく、その犬について詳しいことを聞かれたのです。

なぜ、生まれたばかりの子犬に興味をもったのか、そのときは疑問でした。実は、別の担当者が、訪問実績表に「Bさんが子犬を飼いたいと希望している」という情報を書き込んでいたのです。

AさんとBさんを引き合わせることで、めでたく、子犬はBさんのところへ引き取られていきました。AさんもBさんも、大喜びでした。

このように、渉外担当役席のところには情報が集中します。同じような情報を見ても、渉外担当役席は、情報を分析する力が違うため、そこから、有用な内容を引き出すことができます。

「取引先の社長が税理士に対して文句を言っていた」

という情報でも、渉外担当者からすれば、ただ単なる「社長の不満情報」にしかなりませんが、渉外担当役席となると「その社長に別の税理士を紹介すれば喜んでもらえる」という判断をすることができます。

このように、渉外担当役席には顧客が困っている問題についての情報が集まるため、その解決を手助けする専門家の紹介案件も、多数発生するのです。

貸付担当役席も案件を紹介してくれる

貸付担当役席とは、その支店における融資に関する責任者のことです。

銀行では融資をするときに担当者が「稟議書」という書類を書きます。稟議書の流れについては後述しますが、この稟議書をチェックするのが、貸付担当役席なのです。

普段、銀行員が書く稟議書には大きく分けて2つあります。

1つは資金を貸し出すための「融資稟議書」。これは前向きの稟議書です。もう1つは、すでに貸し出した融資の条件を変更（金利や返済額の変更等）するための「条件変更稟議書」です。こちらは、いわゆるリスケ（返済額減額）の場合など、銀行としてはあまりしたくない部類の後ろ向きの稟議書です。

融資を行う場合でも、条件変更を行う場合でも、稟議書を書く際は、「その融資や条件変更をなぜすべきなのか」という説得力のある説明が必要不可欠となります。

説得力を増すために、さまざまな資料が必要となるのです。

取引が長く、経営内容も悪くない会社の場合は、貸付担当役席もさほど神経質になりません。

そのため、あまり多くの資料を徴求しなくても、社長の話を聞けば、少しの資料で融資稟議書を書くことができます。渉外担当者や貸付担当者の手を、あまり煩わせることはありません。

こういったいい案件の場合は、専門家の手を借りることもほとんどありませんので、紹介もあまり起きません。

しかし、あまり経営内容のよくない会社や、取引が疎遠になっていて、情報が乏しい会社に融資をする場合。また、経営が悪化して毎月の返済額を減額するための条件変更を行う場合などは、徹底的に稟議書を吟味《ぎんみ》します。

稟議書に少しでも説得力に乏《とぼ》しい部分があれば、その融資や条件変更は否決となります。

支店の貸付担当役席は、できる限り融資先の要望に応えたいと思っていますから、稟議書を徹底的に吟味します。そのためには、説得力を増すための資料が必要となりますが、いかんせん、その数が多すぎるのです。全部の案件に対応したくても、ただでさえ忙しい貸付担当者は、物理的に対応できません。

貸付担当役席が、どうしてもその案件を取り上げたいと考えていて、かつ当該会社が専門家に報酬を払うことのできる力のあるところなら、「事業計画書」「経営改善計画書」の作成を専門家に依頼してくれます。

とくに、忙しくしていて多数の案件を抱えているやり手の貸付担当役席ほど、仕事を紹介してくれる確率は高くなります。

もし、あなたが税理士や公認会計士であれば「経営革新等支援機関」の認定を取り、その旨をアピールされることをおすすめします。

「経営革新等支援機関」の値打ちを認識している貸付担当役席はまだまだ少ないですが、今後、浸透していくと思いますので、有利に働くことでしょう。

支店長は顧客・案件・講師の仕事を紹介してくれる

支店長によって、その支店の性格が大きく変わってきます。

イケイケドンドンで活動的な性格の支店長がいる場合、その支店は積極的に融資をしますので、「事業計画書を作成するサポートをしてほしい」という案件が多くなります。また、職員や顧客向けの企画をいろいろと立てることが多く、セミナーや勉強会の講師依頼の案件も発生するでしょう。

一方、慎重な性格の支店長の場合は、融資を絞り込むため、「経営改善計画書の作成のサポート」の案件が増えます。そういう支店長は、新たな試みを避けるため、全般的に案件が発生しにくいようです。

用事があって顧客のところを訪問するのは担当者です。そして、何かあったときに訪問してくれるのが渉外担当役席です。

ところが意外にも、何も用がなくても訪問するのが支店長なのです。とくに、仕事ができて積極的な支店長ほど、何もなくても取引先を訪問します。

もちろん、大事な案件で話し合わなければならないときや、高度な判断が必要なときにも支店長は顧客を訪問します。ですが、いつもそんな案件があるわけもありません。支店長は、情報収集をするために、用がなくても顧客を訪問するのです。

顧客を訪問して支店長がしていることは、ほとんどが顧客との世間話です。その世間話のなかから、その会社の情報を集めたり、融資の案件を見つけようとします。

顧客の困りごとに対するアンテナもとても感度が高く、相手がふと漏らした愚痴などから、「もしかして社長、○○のことで、お困りなんじゃありませんか？」

という問いかけもします。

顧客にしても、支店長は頼りがいのある人だと思っています。そういった困りごとがあったときには、詳しい内容を支店長に伝えます。

支店長が頻繁に訪問する先は、どちらかというと「規模の大きな顧客」「業績の良い顧客」です。業績のよくない顧客のところには、あまり足を運ばないのが現実です。

そのため、支店長が紹介してくれる案件は、どちらかというと内容がいい取引先となるので、担当者や渉外担当役席、貸付担当役席が紹介してくれる案件に比べ、報酬が高いことが少なくありません。これは士業にとってはうれしい話です。

すべての支店長が積極的に顧客先を訪問しているわけではありません。どちらかというと、そういった支店長のほうが少ないと思ってください。

アポなしで支店を訪問しても、外出ばかりしてなかなかつかまらない支店長は、だいたい積極的な支店長です（ときどき、自分の行きやすい数件の取引先ばかりに行って、他の顧客をあまり回っていない支店長もいますが……）。

こういった支店長は、いい紹介案件を見つけてきてくれます。

また、積極的に活動するので、2カ月に1回ぐらい、セミナーや勉強会といった何かしらの企画をしたがります。アンテナをはっておいて、そういう機会があったら顔を出し、仲良くなるようにしましょう。

積極的な支店長と仲良くなれれば、顧客・案件・講師の仕事と、全部を紹介してくれるようになります。

ただ、このように積極的な支店長はそう多くはないということも覚えておいてください。私の実感では、だいたい4人に1人ぐらいです。

いろいろな銀行の支店を訪ねてみて、支店長と話をしてみてください。

「ああ、この支店長さんは、あまり積極的に行動するタイプではなさそうやな」

と感じたのであれば、その支店長に深入りされないほうがいいでしょう。時間と労力の無駄になってしまいますから。

貸付担当役席とはこうやって知り合う

貸付担当役席との知り合い方は、比較的簡単です。「銀行とパイプを作るのに一番手っ取り早い方法」の項目でも書きましたが、「自分の顧問先と一緒に銀行を訪問する」だけで、貸付担当役席と知り合いになれます。

今まで担当者に来てもらうばかりで、銀行を訪問したことのない顧問先にとって、銀行は敷居の高いところと感じています。

その顧問先に「社長、一緒に銀行に行って、貸付担当役席とパイプを作りましょう」と言っても、尻込みすると思います。

まず、「知り合うきっかけ」を作るのが難しいと思っているからです。

そこで、貸付担当役席と知り合うきっかけ作りの方法を伝授しましょう。

こんなふうに教えてあげることで、社長は行動に移してくれます。

（**士**：士業・コンサルタント等の専門家　**社**：社長）

士：「社長。貸付担当先とパイプを作るためには、こちらから会いに行く必要がありますけれど、一度、一緒に挨拶に行きませんか？」

社：「私、貸付担当役席の人と面識がないけど、いきなり挨拶に行っても、迷惑がられないか?」

士:「別に迷惑がられることはありませんって。でも、不安だったら、まず、担当者の○○君に『挨拶に行きたいので貸付担当役席の方とアポイントをとってくれないか』と頼んでみてはどうですか? 頼むときに、こう言ってください。

『○○君。この前、商工会議所のセミナーで【銀行との上手な付き合い方】という話を聞いたんや。講師の先生は、〈銀行とうまく付き合うためには、貸付担当役席とのパイプを作って、積極的に情報提供をしなさい〉と言ってたんで、早速、貸付担当役席さんに挨拶に行きたいんやけど、アポイントとってくれへんか?』と、こんな感じですわ」

社:「わかった、その通り言うわ」

銀行の担当者も、自分の会社の人間のアポイントをとるのには抵抗はないですし、アポイントの理由もはっきり言っているため、快く引き受けてくれると思います。

アポイントをとれたら、約束した日に社長と一緒に銀行を訪問してください。

挨拶のときに名刺交換となりますが、そのときには、

「顧問○○士(コンサルタント)の××です。社長の会社の事業計画の作成や、毎月、事業計画が円滑に進捗《しんちょく》しているかどうか、経営内容を振り返るお手伝いをしています」

と「顧問先の経営をサポートしている専門家」というアピールをしてください。

そして、こう伝えるのです。

「これから、社長は月次の経営状況の報告をできる限りしていきたいと言われています。基本的には、社長と私で訪問させていただくつもりですが、社長が都合の悪いときには、代わりに私が報告に伺わせていただきますので、よろしくお願いします」

そうすれば、今後は毎月、自然な流れで貸付担当役席に会うことができます。むしろ、社長が一緒にいないときのほうが、自分をアピールできるいい機会になります。

会う回数が多ければ多いほど、人間関係は深くなるので、知り合うことができれば、できる限り会う回数を増やすように工夫してください。

渉外担当役席と知り合うルート①

いっぽう、渉外担当役席と知り合うためには2つのルートがあります。

1つは、自分のところを訪問してくれている担当者に「渉外担当役席と一度お会いしたい」と頼む方法です。

渉外担当役席は部下の担当者の取引先に同行訪問するのも仕事です。

普通預金や定期積金などの小さな取引はあっても、もう一歩食い込めていない取引先に同行して、定期預金や融資などの大きな取引につなげるためのサポートをします。

顧客との交渉方法など実際に見せることにより、部下を育成する役割も担っています。

渉外担当役席は渉外担当者の責任者となるため、顧客からのクレームについては、真っ先に出て行って対応するのもその役割となります。

銀行の評価は、預金（定期預金や定期積金等）や融資（カードローン・自動車ローン等含む）、預かり資産（投資信託や保険等）取引など、獲得した成果の多寡《たか》で評価されます。個人個人の評価もそうなのですが、支店全体の評価もこの数字に左右されます。

渉外担当は、大きな取引をしている顧客のところを訪問する役割なので、支店の数字に大きな影響を与えます。

その目標数字を達成するかどうかの責任を担っているのが渉外担当役席なのです。

ですから、渉外担当役席には成果（数字）にこだわる人が少なくありません。

成果が挙げられそうな顧客がいるという情報が部下から上がってきた場合には、積極的にその取引先に同行訪問します。

そういった取引先に気に入られることが成果につながりやすいということを渉外担当役席は知っているため、会話の中から要望を引き出そうとします。その要望は銀行に対するものもありますが、それ以外のものもあります。

そういった要望に応えることで顧客に貢献し、その後、大きな取引につなげていこうとします。

渉外担当役席は一般の担当者と比べて経験や知識も豊富なため、顧客の要望に関するアンテナが鋭く、担当者なら気づかなかったようなニーズでも見つけ出します。
そういった顧客の要望やニーズの中に「専門家を紹介する案件」が少なからず存在するのです。

渉外担当役席が自分のところの事務所に来た場合、担当者から「この人は何をしている人」という情報をあらかじめ聞いているのが普通です。ただし、担当者自身もあまり自分のことを知ってくれていない場合もあります。

「○○さんからお聞きいただいてはいると思うのですが、改めて、私が何をしている人間なのか自己紹介させていただきますね」

と、簡単に自分の仕事についてアピールしてください。

初対面の場合は、経験の豊富な渉外担当役席でも話題を見つけることが難しいはずです。こちらから自分の仕事のことを話すと、その話題で話が続いていき、場が和《なご》んできます。

自分の仕事のことを詳しく伝えることができれば、渉外担当役席の自分に対する関心も高まり、

「この専門家は、こういったお客さんに紹介すれば喜ばれるやろな」

と無意識に考えてくれるようになります。

そして、１回目の面談が終わったときに、

「また、お暇なときにはいつでも事務所に寄ってください。お互い情報交換しましょう」

と言っておけば、その後も、渉外担当役席は頻繁に事務所を訪問してくれるようになりますので、そこから関係を構築していくことができます。

渉外担当役席と知り合うルート②

渉外担当役席と知り合うもう1つのルートは、すでに知り合いになっている貸付担当役席に紹介してもらう方法です。

貸付担当役席を訪問する際は、訪問日や訪問時間に留意する必要があります。

訪問する目的はさまざまですが、一番の目的は、「貸付担当役席とゆっくり話をする機会をもつこと」です。

だからこそ、相手の忙しいときは避けなければなりません。

貸付担当役席が忙しい日は、5日、10日、15日などの五十日（ごとおび）と、月末です。

一日のうちで忙しい時間は、午前9時〜9時半前後と、午後2時半〜4時半ぐらいです。昼食時間も避けたほうが無難でしょう。普段は、この時間帯を避けてアポをとるようにしてください。

ただし、渉外担当役席を紹介してもらう場合は、あえて午前9時の開店時間直後に訪問してください。

涉外担当は、営業なので顧客を訪問することが主な仕事になります。

顧客を訪問できる時間は午前9時～午後5時ぐらいです。昼食時間に訪問すると、相手に迷惑がかかりますから（その時間に来てほしい取引先もありますが）、実質7時間ぐらいしか営業活動に使える時間はありません。

1日平均20件以上の顧客を訪問しなければいけないので、渉外担当は非常に忙しく、時間を有効に活用する必要があります。

そのため渉外担当の責任者である渉外担当役席としては、部下に対して、

「早く外回りに出なさい」

と、指示することが多いのです。

そう言った手前、自分自身も遅くとも9時半ぐらいに、外回りに出なければ格好がつきません。

支店に帰ってくるのも午後5時ぐらいになるため、渉外担当役席が一番つかまりやすいのは、午前9時の開店時間直後となるのです。

さて、開店時間直後に貸付担当役席を訪問したら、こんなふうに会話を進めてください。

（**貸**：貸付担当役席　**士**：士業・コンサルタント等の専門家）

士：「○○次長（貸付担当役席の名前）。おはようございます」

貸：「おはようございます。センセ、えらく早いですね。今日は何のご用ですか？」
士：「とくにご用というわけではないのですが、この後、近くの顧問先を訪問するのですが、少し時間が早かったので、ちょっと次長に挨拶しとこかなと思って、伺わせていただきました」
貸：「そうですか。わざわざありがとうございます。この近くに顧問先があるんですね……」
（5分ほど、世間話を続ける）
士：「ところで、次長。この店の渉外担当役席さんというのは、どなたですか？　渉外担当役席さんとは、まだご挨拶したことがないので、ご挨拶させてもらえませんか？」
貸：「そうですか。ちょっと待ってくださいね。」
（渉外担当の部署を見て、渉外担当役席が席についているのを見つけると）
貸：「□□代理（渉外担当役席の名前）。ちょっとこっち来てくれますか？　△△先生を紹介させてもらいます。」
士：（名刺を出しながら）「はじめまして。××（資格名）をしております、△△です。○○次長にはお世話になっております。これからもよろしくお願いします。お近くをお通りの際は、お茶でも飲みに事務所にお越しください」

後は、銀行の担当者に「□□代理に一度事務所に遊びに来てもらうように伝えておいて」と言えば、近いうちに訪問してもらえます。

そこから、徐々に関係を深めていってください。

銀行の支店長と知り合いになる方法

さて、銀行の支店長と直接かつ手っ取り早く知り合うには、地元の商工会や商工会議所が主催している賀詞《がし》交換会や異業種交流会に参加することがポイントです。

そういった地元のイベントには支店長が参加することが多く、名刺交換をすることができます。

ただ、支店長も多くの方と名刺交換をしているので、ただ、名刺交換するだけでは、なかなか覚えていてもらえません。

名刺交換の際には、３分程度会話を交わし、スマートに立ち去るのが礼儀です。ただ、短時間の会話でも、何か印象に残るキーワードを伝えてください。

私の場合は、３分程度会話をつなげるためと印象に残るキーワードを伝えるために、名刺に工夫をしています。

私の名刺には、

「業績をＶ字回復させるための５原則教えます」

と大きく書いています。

名刺の裏にはプロフィールを記載していますが、そこにも「多くの企業を短期間にＶ字回復させた」という内容を記しています。

さわやかな笑顔の写真も入れています。

こういった名刺を渡すことで、相手の支店長は名刺を見て質問をしてくれます。

質問に答えるだけで、自分自身が何者であるか（企業の業績をV字回復させる経営コンサルタント）のアピールができ、覚えていてもらえます。

写真をつけているのは、後で「この人、どんな人やったっけ？」となったとき、思い出してもらえるためです。

会話の後半には、

「うちの顧問先から聞かれたのですが……」

と言って、いくつか銀行に関する質問をしてください。そして最後に、

「参考になる話を聞かせていただき、ありがとうございました。勉強になりました。また、詳しいお話を聞かせてもらえればうれしいです。近いうちに支店に伺わせていただいてもよろしいでしょうか？」

と尋ねれば、支店長にはほぼ１００％、

「いつでもお越しください。」

と快諾いただけますので、１週間以内に、

「この前、商工会議所の交流会で名刺交換させていただきました、○○士の××です。その際は、いろいろと教えていただいてありがとうございました。近いうちに御社の支店の近くの顧

問先を訪問する予定がありますので、その後にでもお伺いさせていただいてよろしいでしょうか？」

と連絡してください。相手の都合が合うようであればＯＫしてくれますし、都合が合わないようであれば、別の日を指定すれば会ってもらえます。

士業という資格をもっている強みは、相手から「素性のわかっている人」に映ることです。会ってもらえないということは、まずありません。

「こっちから『会いたい』と言っても、相手から断られるんちゃうか？」と不安に思われる方もいらっしゃいますが、その心配はありません。

名刺交換すれば、１週間以内に、積極的に会いに行くようアプローチしてください。

一度、相手の支店を訪問して、支店長と面談することができれば、その後は支店に顔を出すたびに、支店長がいれば「おお〜××センセ、どうぞどうぞ」と応接室に通されるようになります。

銀行員とパイプを作るには、まず地元の銀行を攻める

銀行員とパイプを作る際に知っておいてほしい基本的な考え方は、「地元の銀行から攻める」ということです。

銀行員は、向こうから近づいてくる人に対しては、猜疑心《さいぎ》をもつものです。

よくいるのが、取引も何もないのに、いきなり支店を訪ねてきて「融資してください」と言ってくる社長です。たいていが資金繰りに詰まっている上、他の銀行から貸してもらえず、仕方なく近くの銀行に駆け込んできた、というパターンです。

銀行からすれば、そんな会社は返済が滞《とどこお》るのは明らかなので、決して融資をしません。

似たような経験を銀行員はたくさんしているので、向こうから近づいてくる人たちに対して、表向きは丁寧ですが、猜疑心をもって接しがちです。

こちらから銀行にアプローチする場合は、相手の猜疑心を取り除き安心するだけの、何らかの「理由」が必要となります。

士業の場合は、国家資格をもっているだけで、その猜疑心を薄くすることはできますが、それだけでは不十分で、もう一押し何か必要です。

そのもう一押しとなるのが、「地元の専門家」というキーワードなのです。

初めて面談したときには、このように話してもらえれば、相手は納得してくれます。

「私は、地元で○○士をしている××です。

今日、お伺いさせていただいたのは、地元の顧問先から『いい銀行があれば紹介してほしい』と言われることが多いのですが、私はほとんど地元の銀行に知己《ちき》がなく、紹介できるような銀行がありません。

今後も、そのような紹介依頼が出てくると思いますので、今のうちに、地元の銀行とのよい関係を作っておきたいと思ったからです」

銀行の担当者にしても、その地区に縁もゆかりもない専門家がいきなり訪ねてきた場合は「なんでうちの支店にきたんやろか？」と疑問は感じますが、「地元の専門家」が訪ねてくるというのは、まったく不自然な話ではありません。

また、地元の専門家なら、その専門家の顧問先が地元にたくさんいると思うため、「このセンセと仲良くなっておいたら、新しい取引先になりそうな社長さんを紹介してくれるかもしれんな」

と期待するため、無下な扱いはされません。

だからこそ、最初の面談のときに、「地元の顧客がたくさんいる」というようなニュアンスで話をしておけば、銀行員の期待感はより大きくなるというわけです。

そして銀行員の期待が多ければ多いほど、向こうからアプローチを積極的にかけてくるようになります。

「どんな顧問先がいらっしゃるのですか？」と聞かれることが多いので、地元の銀行を攻めるときには、あらかじめ、地元の顧問先を何社か確保するようにしておいてください。

その顧問先のことを話すだけで（会社名など、詳細は話す必要はありません）、銀行員は向こうから何度も訪ねてくるようになります。

銀行員との1回や2回の面談では、顧客の紹介につながらない

私が銀行員から仕事や顧客の紹介を受けていることを知っている、多くの士業やコンサルタントの方から、

「地元の支店の銀行員と名刺交換をしたことはあるのですが、全然、顧客の紹介につながりません。どうやったらヒガシカワさんのように仕事の紹介につながるんでしょうか？」

という相談をよく受けます。

確かに銀行員は士業やコンサルタント等の専門家との接点を求めていますが、かといって、初めて名刺交換をしただけの専門家に仕事を紹介することは、ほとんどありません。

「人を紹介する」という行為は、自分の信用につながるため、どこの誰かよくわからない人を簡単に紹介することはできません。

「何ができるのか」「どんな実績があるのか」「何年、この仕事をしているのか」など、専門家としての実務能力についてはもちろんのこと、何よりも彼らが知りたいのは、

「この人は、自分の取引先に紹介できるほど信用できる専門家なのか」

という、人間性の部分です。

「得意とする業務内容」「実績」「経歴」「プロフィール」などは、チラシや資料に書かれたも

のを見ればわかります（本当のことを書いてあるとの前提ですが）。しかし「人間性」だけは、実際に何度か会ってみないとわかりません。

私も、渉外担当をしていた時代にこんな経験をしたことがあります。

取引先の社長から、

「ヒガシカワくん。昨日、取引先から突然、契約上の問題で訴えられてもうた。どう対処したらいいかわからないけれど、とりあえず相談をしたいので、弁護士の先生を紹介してくれへんか？」

と言われたのです。

当時の私には、弁護士の知り合いはいません。たった一人、ある異業種交流会で名刺交換したことのある弁護士がいただけでした。もちろん、その方がどういう人かよく知りませんでしたが、他に紹介できる人を知らなかった私は、その弁護士に連絡をしました。

「すみません。以前、名刺交換をさせていただいたヒガシカワと申しますが、私の担当先の会社の社長が弁護士を紹介してほしいとおっしゃっています。よろしければ、お話を聞いていただけませんか？」

電話での弁護士の先生の応対は、面倒くさそうな感じでしたが、他に頼める方もおらず、何とか取引先の社長の話を聞いてもらうよう紹介することになりました。

ところが後日、紹介したその弁護士の対応がひどすぎるということで取引先の社長は激怒してしまい、しばらくの間、私まで出入り禁止となってしまいました。

そのことを上司に報告すると、

「銀行員は会社の看板を背負っているのだから、いい加減な人間は紹介してはいけないということも知らなかったのか！」

と、きびしい叱責《しっせき》を受けました。

基本的に銀行員なら、そのようなことはみんな身についています。だから、1回や2回会ったぐらいでは、普通は仕事の紹介などしてくれないのです。継続的に、何回も会っていくことが、信頼関係を築くコツです。

銀行員とパイプを作るその他のきっかけ

経営コンサルタントという仕事をしていると、いろいろな場面で銀行員と知り合いになることがあります。

取引先の会社から「うちの取引銀行の担当者です」と紹介されることが一番多いパターンですね。

他には、商工会議所で行ったセミナーに参加していて、その後、名刺交換をするというのもけっこうあります。

自分でセミナーをする際には、受講者名簿を用意されているところがほとんどで、そこには会社名が入っています。その受講者名簿を事前に見せてもらって、銀行員が受講しているのを見ると、主催者に「この方はどなたですか？」と尋ねます。

セミナー終了後、その方のところに自分から名刺交換をしに行き、挨拶をします。

そのときに、

「また近いうちに、今日のセミナーの感想を聞きに御社を訪問させていただいてもよろしいでしょうか？」

とお願いしますと、ほとんどの場合は快諾してくれます。

地元の銀行員と知り合いになるのに有効な手段が、「商工会議所に入会をする」という方法です。

ただ単に商工会議所に入会するだけでは、銀行員と知り合いになる機会はありません。「銀行の支店長と知り合いになる方法」のところでも書いたとおり、商工会議所が主催する異業種交流会や賀詞交換会では地元の支店長と名刺交換をするチャンスがありますが、確実ではありません。

確実に地元の銀行の支店長たちと知り合えるチャンスを手に入れようと思えば、「部会」に参加することをおすすめします。

どの商工会議所でも、会員はどこかの「部会」に所属するようになっています。

製造業の方々が入っている「製造業部会」、建設業の方々の「建設部会」、小売業や卸売業などは「商業部会」というところがありますし、サービス業なら「サービス業部会」という具合になります。

どういった部会があるかは、その商工会議所によってさまざまですので、希望する「部会」がその商工会議所にあるかどうかを調べてから入会したほうがいいでしょう。

部会の中で、金融関係の事業に携わっている会員たちが入る部会に「金融部会」があります。通常、士業やコンサルタントは「サービス部会」に所属することが多いのですが、自らが希望すれば「金融部会」に入ることもできます（この点も、商工会議所によって異なりますので、確認してください）。

そしてほとんどの場合、どの銀行も地元の商工会議所に入会します。また、部会の集まりには支店長もしくはその次席クラスの人が参加されるので、支店の中枢の人物と知り合える絶好のチャンスとなるのです。

そこで名刺交換をして挨拶を交わすことで、一挙に地元の複数の銀行を訪問できるネタが手に入ります。

いずれの場合も、最初に名刺交換して知り合ってから、必ず1週間以内に再度訪問し、パイプを太めるきっかけにしましょう。

最初に会ってからあまり間を空けてしまうと、印象が薄れてきて、会ったときの会話が難しくなりますからね。

第４章　パイプを作ったら太めなさい！

銀行員の心を引き寄せる一番の方法は「見込み客の紹介」

せっかく担当者と知り合えたとしても、その担当者と仲良くなって自分のことをよく知ってもらわないと紹介は起こりません。

担当者と仲良くなるのに一番いいのは、先に述べたように、短期間で何回も会うということです。

その上で、あることをすると、担当者のほうから積極的に事務所に顔を出してくれるようになるという方法があります。

「新たに取引してくれる顧客（見込み客）を紹介すること」です。

どの銀行でも、毎年2割程度の顧客が流出します。そのため、渉外担当者は常に新規客を求めています。支店の業績評価においても、新規客の獲得はポイントが高いため、支店長や役席は、渉外担当者に対して新規客の獲得を要求します。

新規客を獲得するすべをもたない多くの渉外担当者は、「何かしている」というアリバイ作りのために飛び込み訪問を繰り返し、断り続けられるのが日常的な光景です。

ですから、新規客を獲得できる「紹介」は、のどから手が出るほど欲しいのです。

新規客につながる「見込み客」をたくさん紹介してくれる人であれば、より仲良くなっておきたいというのは、渉外担当者なら誰でも思うことです。

「紹介」といっても、そんな大層なことをする必要はありません。

その支店のテリトリーに自分の顧問先がある場合は、

「○○さん。××町の△△工業株式会社って、おたくの銀行と取引ある？　もし、取引がないのなら、一度、社長のところに一緒に行ってみましょうか？」

と言って、その担当者を顧問先に連れて行くだけでＯＫです。その際に、

「社長を紹介はするけど、私ができるのはそこまでだから、その先、取引になるかどうかはわかりませんからね。あとは○○さん次第っちゅうことで」

とでも言っておけば、うまく取引につながらなくても、その担当者の問題ですから、こちらとしては気に病むことはありません。

「新規客を紹介する」ではなく、「知り合いのところに連れて行ってあげる」というスタンスをとることで、心理的負担は軽くなりますし、その後、

「この前、一緒に行った△△工業株式会社はどうなりました？」

と、話を振ることにより、次に会ったときの話題にも事欠かなくなります。

もし、あなたが他にも「連れて行ってあげることのできる先」があるのなら、続けて紹介することで、担当者は、

「この人と仲良くなれば、新規客を紹介してくれる」

と認識し、足しげく通ってくるようになるのです。

キャンペーンへの協力は惜しまない

銀行は、「新規顧客獲得キャンペーン」「定期預金キャンペーン」「カードローンキャンペーン」「融資キャンペーン」など、多種多様なキャンペーンを頻繁に行っています。「キャンペーン」というと聞こえはいいですが、渉外担当者にとっては、「キャンペーン＝ノルマ」です。全店でキャンペーンを行う際には、各支店の顧客獲得競争になるわけです。銀行は半年に一度のペースで業績評価を行い、支店ごとの順位をつけ、優良な店舗は表彰されます。キャンペーンでよい成果（数字）を残さなければ、表彰される店舗には入れません。

その最前線に立たされているのが渉外担当者なので、キャンペーンがはじまると、彼らは必死になります。成果を挙げなければ、支店長や役席から厳しく叱責されるからです。

渉外担当者は、キャンペーンの度に、自分の担当している取引先に、

「今度、○○キャンペーンがあるので、協力してください」

とお願いしています。

しかし、銀行はあまりにも頻繁にキャンペーンを行っているため、頼まれるほうの取引先からしてみれば、

「またか。この間もキャンペーンやったばっかりやんか」

ということになり、なかなか協力してくれないようになります。

成果を挙げないと上司に怒られる。でも、お願いできる先はほとんどない……。そんなときに、「この人なら」という先に対して、藁《わら》にもすがる思いで、

「助けてください」

と言ってくるときがあります。そこで渉外担当者を助けてあげられれば、相手はとても恩義を感じてくれるでしょう。そのためのテクニックを紹介します。

キャンペーンの最初のほうの時期に「協力してください」と頼まれたときには、

「すんません、今、ちょっと都合が悪いんですわ」

と言って断ってください。そのときに、

「今はいろいろあって協力できませんけど、本当に困ったら声をかけてちょうだい。できるだけのことはしますから」

と言って、キャンペーンがいつまでなのかを確認してください。

なぜなら、キャンペーンのはじめのほうに協力しても、担当者はあまりありがたみを感じてくれません。

しかし、最後のほうでもう頼む先もないとき、つまり本当に困ったときに、あなたが協力してあげれば、とても恩義に感じてくれます。

ですから、キャンペーンの最終週ぐらいを見計らって、

「キャンペーンは大丈夫？」

と聞いてあげると、本当に困っている場合や、もしくはもう少しで表彰されそうなほどに出ている場合は、「協力してください！」と言ってきます。

そのときは千載一遇《せんざいいちぐう》のチャンスですので、どんなことをしてでも協力してあげるのです。すると今後、こちらからいろいろと頼みやすい関係を作ることができます。

どうせキャンペーンに協力するのであれば、効果の高いやり方を覚えておきましょう。

銀行員に自分のことをよりよく知ってもらうには

銀行員と仲良くなるのは、顧客を紹介してもらうためです。そのため、仲良くなるだけではなくて、自分は何ができて、どんな実績があり、どんな仕事が得意なのかを知ってもらわなければ、欲しい顧客を紹介してもらえません。

銀行員に自分のことを知ってもらうために一番効果的なのは、

「自分の事業計画書を作ること」

なのです。

事業計画書を作ることで、

「どんな想いをもって仕事をしているのか」「何を大事にしているのか」「どんな業務を行って

いるのか」「どのような実績があるのか」「主要顧客は誰なのか」「扱っているサービスはどのようなものか」「前期・今期の売上・収益」「どんな投資計画を持っているのか」

などを、事細かに伝えることができます。

私も毎年、事業計画書を作成します。そして懇意にしている地元の銀行にもって行き説明するのです。

もともと、その銀行との関係はあまり密接ではありませんでした。支店長や貸付担当役席とかろうじて面識があったぐらいの関係です。それでも、新たな事業の資金が必要になったことから、事務所から一番近い信用金庫に、事業計画書をもって相談に行ったことがはじまりです。もともと普通預金と定期預金取引をしており、まったく取引がなかったわけでもありませんし、自分の銀行マンとしての経験から、前期の決算内容なら融資を受けることはできるという確信もありました。

従業員50名以下の中小企業の場合、毎年きちんと事業計画書を作っているのは５％もありません。しかし、その５％の企業がなかなかつぶれないことを銀行員は経験的に知っています。ですから、事業計画書をきちんと作成している企業をとても大事にします。

私の事業計画書を見た貸付担当役席は、

「ヒガシカワさんの事務所は、このような業務をされているのですね。さすが、コンサルタントだけあって、わかりやすい事業計画書を書いてあってとても助かります！　融資については前向きに検討させていただきたいと思います」

と絶賛してくれたのでした。

実際に融資にいたるまでには、事業計画について何度も聞かれました。その度に、貸付担当役席との関係が深まっていったのです。

最終的には、希望金額を全額融資していただきました。

当時の私は2代目社長や若手社長に対するコンサルティングが主要な業務でした。

私の事業をよく理解してくれた貸付担当役席は、その支店と取引している2代目社長や若手社長を紹介してくれましたし、「こんな専門家がいてるのですよ」と多くの方に宣伝もしてくれたのです。

その結果、地元の2代目社長や若手社長の多くが、私の顧客になっていただきました。

事業計画書を通じて、私の業務をよく理解してくれたからこそ、私のことを必要とする顧客に紹介してくれたのです。

何のために事業計画書を作るのか？

事業計画書は、見せる相手によって、さまざまな使い方ができるものです。

まず、事業計画書を書く社長本人にとって、「自分自身の頭の整理をする」という使い方ができます。

事業計画書を書くことによって、「自分が何をしたいのか」「どんな商品やサービスを提供するのか」「顧客は誰なのか」「自分のビジネスにおける特徴は何なのか」など、事業を進める上で必要なことを考え、頭の整理ができます。その結果、新たな問題点が見つかったり、画期的なアイデアが生まれることもあります。

また、自分のビジネスに対する意識もかなり具体的になっていきます。

完成した事業計画書は「事業を遂行していく上でのシナリオ」になります。

そのため、事業計画書を作っておけば、事業の進捗状況を定期的に確認することができますし、もし計画通り進捗していない場合にも、それを検証し、軌道修正をすることもできます。

いっぽう、従業員に対しては、会社がどのような方向に進もうとしているのかを知ってもらうツールになります。社員一人ひとりに「自分は会社の中でどのような役割を果たすべきなのか」をしっかり認識してもらうことができます。

取引先などの外部関係者に対しても、事業計画書は、会社の力量や方向性を認識してもらうための有効なツールです。計画書の評価が高ければ、積極的に応援してもらえるでしょう。

もし、従業員や取引先に事業計画書を見せる場合は、「経営ビジョン」「経営計画」にかける自分の熱い想いを伝えるように書くことが重要です。

社長の「想い」に共感してもらえれば、「協力しよう」とする意識が高まるからです。

とはいっても、事業計画書を見せるべき一番の相手は銀行です。銀行の融資担当者に見せることで、自社事業の妥当性を検証してもらうことができます。その事業が有効であると判断されると、融資にもつながるのです。

ビジネスの成功確率が高い（＝融資された資金を返済できる）ということを、事業計画書で伝えることが大切なのです。

銀行が融資を実行するためには、その会社のことを詳しく理解する必要があります。相手のビジネスをきちんと理解しない状態では、融資をしても、その資金を回収できるのかどうかの判断ができませんから。

ですから、銀行が融資をしてくれるということは、あなたの事業をよく理解している証左なのです。

あなたのビジネスがうまくいけば、資金を回収できる可能性がより高まるため、銀行も手間がかからないようなことなら積極的に協力してくれます。

事業計画書を作る際には「どのような目的でこの事業計画書を利用するのか」ということを意識し、その目的に合うような書き方をすることで、最大限の効果を狙っていきましょう。

銀行員は融資先の業種についてすべて知っているわけではない

事業計画書を書く際に留意すべき点は、
「銀行員は、融資先の業種に詳しいわけではない」
ということです。

融資審査をする上で、融資する業界や業種に詳しければ、その業界特性を踏まえた上での与信判断ができます。

たとえば、融資する顧客のターゲットについて「今、どういう状況にあるのか」「何を欲しているのか」「何に悩んでいるのか」を知っていれば、事業計画書の中身が妥当《だとう》なのかどうか、事業の実現可能性は高いか低いかなどについて正確に判断できます。

しかし実際には、銀行員は融資先の業界について詳しく知りません。普通の銀行員は意外と世間知らずですし、どんなに優秀でもすべての業界に精通している銀行員などいません。

知らない業種や担当したことのない業種について、詳しく調査をする担当者であれば言うことはありませんが、多忙な彼らは、少しでも早く案件（稟議書の作成）をこなさなければならず、個別の案件について深い調査はなかなかできないというのが現状です。

融資審査をする場合、基本的に見るべきポイントは共通しています。

しかし、顧客ニーズや業界特有の商習慣など、与信判断に必要とする個別の事情もあります。こういった個別の情報を知らない場合も多いのです。

そういうとき銀行員は、まず『業種別貸出審査事典』という資料を見て、その業界のことを調べます。

『業種別貸出審査事典』は、全産業、全業種の1140業種を網羅しています。内容は「業種の特色」「業界動向（業況や主要企業の紹介・分析、課題と展望など）」「業務知識（製品、商品、サービスの特性など）」「審査のポイント（財務状況の見方、収支モデルなど）」「収益向上・経営改善アドバイス（事業再生のポイントなど）」「取引推進上のポイント」「関連法規制・制度融資等」「業界主要団体の連絡先」などが書かれています。与信判断をする上で非常に役立つ資料なのです。

この『業種別貸出審査事典』は高額であるため、どの支店にも備え付けられているわけではありません。

あったとしても、なかなか買い換えないので、古いものが置いてあったりします。

最新の『業種別貸出審査事典』が支店にあれば、ある程度、業界や業種について知ってもらうこともできます。ですが、多くの場合は事典がなかったり古かったりするので、銀行員のもっている情報はあてになりません。

だからこそ、事業計画書を書く際は、「銀行員は業界についてよく知らない」と認識した上で、業界の情報については、できる限り詳しく、かつわかりやすく書く必要があります。

「中学生が理解できるレベル」の情報を伝えるよう、心がけてください。

自分のことをより知ってもらうための事業計画書の作り方

銀行に自分のことをより知ってもらうための事業計画書の作り方について説明します。

この場合、「銀行から融資を受けるための事業計画書」と考えていただければ結構です。

「どのような仕事をしているのか」という「商品・サービスの概要」の部分については、詳しく説明するよう意識してください。この部分をよく読み込んでもらうことで、紹介案件の発生率が変わります。

それでは、８つのポイントを説明しましょう。

①経営理念・ビジョン
経営理念は、自分（社長）の夢や希望、理想、会社の存在理由などを表現したもので、「想い」「情熱」を伝えることができます。経営理念をより具体化したものが「ビジョン」になります。社会貢献・対顧客・対従業員・自己実現などに関する目的・目標を記します。

銀行は中小・零細企業に対して融資をするにあたり、「誰が経営しているのか」という「経営者の資質」をとくに重視します。中小・零細企業は、良くも悪くも社長の質によって業績が大幅に変わるからです。

経営理念やビジョンは「社長の考え方」をはっきりと表すものであり、その考え方を見て、銀行は「経営者の資質」を評価・判断します。

②事業概要
事業概要は、自社が行っているビジネスの内容について、簡単に説明します。詳しい内容は後の部分で説明するのですが、この事業計画書を読む方に対して、まず事業概要を知ってもらうことで、計画書全体の理解度が高まるのです。

事業概要をわかりやすく書くコツは、「2W2H」を明確に記すことです。「誰に（ターゲット）」（Who）「何を（商品・サービス）」（What）「どのように（提供手段）」（How）「その結果、どういう効果があるのか」（How in the future）の2W2Hで表すと、簡潔でわかりやすい事業概要となるのです。

③経験・経歴・実績
社長自身の今までの経歴を書くのですが、ここでも留意していただきたいことがあります。生年、出身地、出身校、卒業後の勤め先、資格内容や取得年、独立年などを羅列するだけでは不十分です。その経歴上でどんな経験をし、どんな成果を出したのか。その経験が今の仕事にどう役立っているのかを書かなければ、意味がないということです。

「自分をアピールするための事業計画書」なのですから、今の仕事に関連のない経歴を長々と書いても、相手に訴えかけるものはありません。

ほかのポイントでもそうなのですが、あまり長すぎる事業計画書は、読む人間の意欲を失わせるばかりか、「経営者の資質」が疑われてしまいます。

④ターゲット

自分が紹介してほしいターゲットを書きます。

たとえば私の仕事でいえば、事業計画書に「若手中小企業経営者」「士業・コンサルタント等専門家」「地域金融機関」としか書いていなければ、相手が受け取るイメージは漠然としています。「30歳代の飲食店経営者」「税理士・社会保険労務士」「信用金庫・信用組合」など、もう少し具体的に絞り込んで書いたほうがベターです。

銀行の担当者が読んだときに、

「なるほど。この会社のターゲットは○○社の社長あたりやな」

と具体的に名前を思い浮かべさせることができれば、紹介の確率も上がります。

⑤顧客ニーズ

前にも説明しましたが、銀行員は融資先の業種について、その特徴や特性をよく知りません。顧客やそのニーズについても知らないことが少なくないのです。

顧客ニーズを正確に把握していなければ、あなたが立てた戦略や戦術が妥当かどうか銀行は判断できません。

銀行に正しい顧客ニーズを把握してもらうことが、融資を受ける上でも、紹介してもらう上でも重要となります。

自分のターゲットとする顧客が「今、どういう状況にあるのか」「何を求めているのか」「どうしたいのか」について詳細に説明することで、銀行に顧客ニーズを把握してもらい、後述する「アクションプラン」の妥当性を判断してもらうことができます。

⑥商品・サービスの概要

あなたがどんなサービスを提供しているかわからなければ、たとえ銀行が顧客をたくさん抱えていたとしても、紹介することはできません。

そこで、事業計画書の中で、ターゲットごとにどのようなサービスが提供できるのか詳細に説明します。ここでは「このような実績があります」ということも併せて記載してください。

「どんなものかわからないもの・サービス」には、誰もお金は払いません。

ですから、銀行員が自らの顧客に対して専門家を紹介する際には、「こんなことができる先生です」と同時に「こんな実績のある先生です」ということも併せて伝えます。

豊富な実績があれば、紹介された顧客も「やり手の専門家なんやな」と安心するからです。

⑦マーケティング計画

提供するサービスごとに、「どうやってそのサービスで売上を確保するのかについての具体的手段」＝マーケティングプランと、「そのマーケティングプランによってどれだけの成果を上げるのか」＝増加目標、について記載します。

マーケティングプランは目標売上を確保するための「行動計画（アクションプラン）」につながります。

このプランに説得力があれば、事業が計画通り進んでいくと判断され、融資&紹介に近づきます。

⑧投資計画

マーケティングプランを実行するために必要な投資について説明します。

銀行が融資審査をする際は「その事業主が資金をどう使うのか＝資金使途」の妥当性をとても重視します。

借りた資金をどのように使うかを具体的に説明することで、投資がマーケティングプランを実行する上において有効であること、そして事業が計画通りに進められることを認識してもらえるのです。

この投資が妥当であると認識されれば、融資の実行へとつながります。

融資に関する問い合わせをどんどんする

銀行員にとっての「いい取引先」とは、どういう取引先だと思いますか？

それは、新規融資先をたくさん紹介してくれる取引先なのです。

銀行員が士業やコンサルタントと仲良くしたいと思っているのも、

「地元にいる顧問先を紹介してくれるのではないか」

という下心があるのです。

銀行自体は積極的に融資をしていきたいと思っていますが、なかなか新たな融資先を見つけるのが難しい。そのためにあまり効率的とはいえない「飛び込み訪問」を繰り返しているのが現状なのです。

そんな銀行員に対して、

「私は融資先のネタをたくさんもってまっせ」

と匂わせることができれば、下心のある銀行員は、新規融資先を紹介してもらいたいと思って、しょっちゅう会いに来るようになります。

会う頻度に比例して人間関係も濃くなりますから、逆に相手からの紹介も増える可能性があるのです。

そこで有効な方法が、銀行員に対して「融資に関する問い合わせをどんどんする」ということです。

自分の融資ではなく、自分のクライアントに関する融資の問い合わせです。

「今、私の事務所に顧問先の社長が来られてるんですが、一つお聞きしてもいいですか？　あなたの銀行で扱っている○○という融資商品なのですが、これを利用する方の条件は××ですよね。ところでこんな場合はどうなります？」

といった内容の質問をすることで、銀行員は「融資先を紹介してくれるかもしれない」と思います。

質問へ答えてもらったあと、

「社長さんは、『他の銀行さんにも聞いてみるわ』とおっしゃっているので、もし、条件が合えば、また、連絡させていただきます」

と伝えればオーケーです。

何日か経つと、担当者から、

「先生、前、言われていた社長の話どうなりました？」

と聞かれるでしょう。そのときは、

「すんません。あの話、他の銀行さんから借りることになったので、今回はなくなったのですわ。また、同じような相談を受けた場合は、連絡させていただきます」

とやんわりとかわしつつ、「次もあるよ」と匂わせておけば大丈夫です。

一方、自分のクライアントや相談者には、

「融資に関する相談があれば、なんでもおっしゃってくださいな。わからないことがあれば直接、銀行に聞きますから、遠慮なくどうぞ」

と伝えておけば、いろいろな相談も出てきます。

クライアントから出た相談や質問を銀行にぶつけ、ときには、銀行の担当者に会わせる。

そんなことを繰り返せば、「融資先のネタが豊富な専門家」という評価をされ、銀行員のほうからあなたに近寄ってくるでしょう。

用がないのに銀行を訪問してもいやな顔はされない

さて、一度パイプのできた銀行員との関係をさらに深めるためには、その方と何度も会うことが重要です。

向こうが来てくれないのであれば、こちらから訪問しなくてはなりません。

とはいっても、用事もないのに訪問するのは、なかなか勇気がいります。

「いきなり訪ねて行っていやな顔はされないだろうか」

「何しにきたんや、ヒマ人やな、なんて思われないだろうか」

などと、悪いほうに考えてしまいがちです。

でも、心配はいりません。用がないのに銀行を訪問しても、いやな顔はされません。まったく面識がないのであれば別ですが、相手が自分のことを知っているのであれば、「近くを通りましたので、伺わせていただきました」

この一言だけでオーケーです。

銀行員も営業活動で取引先を訪問しますが、彼らだっていつも用事があって顔を出しているわけではありません。

預金や融資をお願いしたいという下心はありますが、訪問する度に、「預金お願いします」「融資お願いします」「カードローンに入ってください」

では、相手もいやがります（訪問する度にお願いばかりするのは、レベルの低い担当者と考えていいでしょう）。

かといって用事があるときだけ訪問するのでは、顧客と会う機会が少なくなり、良い関係が作れないことも彼らはよく知っています。それに、

「あなたは自分の用事があるときしか訪ねてきてくれませんね」

と、顧客からいやみを言われかねません。

ですから銀行員も、とくに用事がなくても顧客を訪問しています。

「用事のないときに訪ねて行っても、迷惑がられるんちゃうか？」

という不安は、実は銀行員自身も抱えているわけです。

ですから、こちらが用事もなしに訪ねて行ったとしても、いやな顔はしないのです。


銀行を訪問して、相手が忙しそうにしていれば、

「忙しそうなので、また、来させていただきますわ」

と言って、出て行けばいいだけです。

すると相手も申し訳なく思うので、次に訪問した際は、

「この前はせっかくお越しいただいたのに、お話しできずすみませんでした」

と笑顔で迎えてくれます。

用事がなくても訪問するというのは、相手との良好な関係づくりにとても有効なので、遠慮せず、堂々と訪問してください。

銀行には理由もなく差し入れをしない

さて、用事もないのに銀行を訪問しても大丈夫といっても、注意することがあります。

手ぶらで行くのが心苦しいからと、ついついお菓子やお酒などの差し入れを持っていきたくなるのですが、これはいけません。

「何か下心があるのではないか？」

と逆に警戒されます。

銀行はお金を貸しているという立場上、顧客から（とくに融資先から）物を差し入れされるのをいやがります。

差し入れした顧客が融資先だった場合、その顧客から依頼された融資が断りにくくなるからです。また、「あの顧客と癒着している」と見られるのは、銀行員にとって、非常にまずい評価となります。

また、融資先ではないからと、ある顧客からの差し入れを受け取ってしまうと、融資先である別の顧客から、

「なぜ、あの人の差し入れは受け取って、私の差し入れは受け取らんねん！」

とクレームになります。

そんなつまらないトラブルを避けたいが故に、銀行員は誰からも差し入れを受け取りたくないのです。

私もトラブルになったケースがありました。渉外担当者だったころ、夏のとても暑い時期に、担当している融資先からビールを1ケース差し入れられたのです。思わず私は受け取ってしまいましたが、ちょうどそのとき、その担当先から「お金を貸してほしい」と言われていました。

差し入れをいただいたことと、その顧客の融資稟議書を作成中ということを支店長に報告す

ると、

「融資する前に顧客からモノをもらうのは具合が悪い。かといって返せば、角が立つ。同じ金額の何か別のものを買って、その顧客に贈りなさい」

という指示を受けました。

支店には交際費予算がありますが、そのときに予定しなかった交際費予算を使わざるを得なかったということで、支店長から注意を受けたのでした。

銀行員としては、差し入れをもらうと、いらない仕事が増え、不必要なお金も使うため、かえって迷惑なのです。

ですから、理由もなく差し入れをするのはやめてください。


なお、3月の最終営業日（決算日）か9月の最終営業日（仮決算日）に、

「決算（仮決算）お疲れさまです。みなさんで休憩のときにでも食べてください」

と差し入れした場合は抵抗なく受け取ってくれます。

決算日や仮決算日というのは6カ月間の活動の集大成の日となりますから、それを慰労《いろう》する意味での差し入れという「大義名分」があるので、銀行としても断る理由がないからです。

その際は手で簡単につまめる甘いお菓子などを届けると、女子行員のウケがいいので、とくに喜んでもらえると思います。

お金のかからないおみやげを持って銀行を訪問

このように、銀行ではお金のかかる手みやげはいやがられますが、お金のかからないおみやげなら抵抗なく受け取ってもらえます。

私は毎週、「経営お役立ち情報」というＡ４判１枚のチラシを作っています。

これは、「中小企業の社長が知っておけば、自社の経営に役立つ情報」を提供することを目的にして書いているものです。

このチラシは、顧問先の社長や、知り合いの士業の方々に送っているものなのですが、仲良くなった銀行の支店長や貸付担当役席を訪問するときにも持参しています。

持参するチラシは、一番下の〈発行者〉の部分を、私の名前ではなく、その支店名に変えておきます。そして、

「このチラシを取引先の社長への情報提供ツールとしてお使いください」

と言って渡すのです。

渉外担当者が自らの担当先を訪問するときに、手ぶらで行くよりも、「何か役立つ情報」を持っていくと、顧客も喜びますし、担当者も訪問しやすくなります。

しかし、普段の業務に追われている身としては、「何か役立つ情報」を集めたりまとめたり

する時間もなかなかありません。結局、手ぶらで訪問することが多くなります。

そんな渉外担当者が顧客を訪問しやすくするツールを提供すれば、銀行側にとってはとても助かります。それにA４判１枚のチラシなので、高価なものではありませんから、受け取るほうも抵抗なく受け取ってくれます。

持参したときには、当然そのチラシの内容の話題になりますから、会話のネタに悩むこともありません。


このチラシは、銀行を抵抗なく訪問できるツールになるということ以外に、「自分のことを、その銀行の顧客にアピールできる」というメリットもあります。

銀行の支店の周辺に同様のチラシを配布しようと思えば、費用と労力がかかります。

それだけの費用と労力をかけても、自分が顧客にしたいと思っている社長たちに届くとは限りません。

しかし、渉外担当者が配布してくれるのであれば、確実に社長に届けてくれますし、その記事に興味をもった社長がいれば、直接紹介してくれます。


毎週届ける必要はありません。月に１度４枚まとめて届けてもいいのです。

別に毎週発行しなくても、月に１枚でもいいかもしれません。

自分ひとりで毎週書くのが難しいのであれば、他の専門家３名と組めば、それぞれ月に１枚かくだけで、毎週発行できます。

銀行に届けに行く役割を自分がすればいいだけですから。

自分の顧問先・クライアントに対するサービスのついでに作るもので、銀行に喜んでもらえ、なおかつ、自分の宣伝にもつながる。Ａ４たった1枚の情報をまとめる時間を考えれば、費用対効果は非常に高いものとなります。

自社製品なら銀行へのおみやげもＯＫ

銀行に持っていってもいやがられないおみやげはもう1つあります。

それは「自社製品」です。自分のところの会社で作ったものならプレゼントしても「癒着」と見られません。

では、士業やコンサルタントの事務所の「自社製品」にはどのようなものがあるでしょうか？

士業やコンサルタントにとって提供できるものは「情報」です。そういった「情報」を「目に見えるカタチ」「耳に残るカタチ」にすると「自社製品」となります。

前項で説明した「経営お役立ち情報」のチラシも「目に見えるカタチ」にした「自社製品」といえます。

士業やコンサルタントは、セミナーや講演といった形で人前で話すことが少なくありません。

その音声や動画をCDやDVDという「カタチ」にするのです。
それらを銀行にプレゼントすればいいのです。

おかげさまで私も年に200回程度、人前で話す機会をいただきます。ほとんどの場合は録音していますし、主催者が許可してくれる場合はビデオカメラで撮影をします。その中から一般的な社長に喜ばれそうな内容のものをピックアップして、編集し、月に1~2枚、DVDを作ります。

DVDの盤面や収納ケースはデザイナーに頼んで作ってもらい、販売用の製品という体裁にします。DVDだけなら、1000枚で4万円以下でプレス（複製）できます。1枚約40円です。このうち500枚を販売に回し、残り500枚を配布用として使います。

「セミナーDVDを作りました。今月のテーマは【中小企業のための売上を倍増させる方法】です。50枚ほどプレゼントさせていただきますので、よろしければ、御行の顧客の社長の方々へプレゼントしてください」

と言って、知り合いの支店長を訪ね10~50枚単位で配ります。

その際には、

「販売価格は1万円となっていますが、プレス原価は40円ぐらいしかかかってません。販売するのは500枚程度なのですが、500枚プレスしても1000枚プレスしても制作費は同じですので、５００枚ぐらいはいつも余ります。そのままだと廃棄するしかないので、おたくの支店で使ってもらえればうれしいんですわ～」

と言って渡せば、相手も抵抗なく受け取ってもらえます。

ＤＶＤも、先に説明したチラシと同様に、銀行の渉外担当者が顧客訪問用の「ドアノックツール」として使ってもらえれば、あなた自身の宣伝になります。

「当支店の取引先のコンサルタントの先生です」

と言って配布してもらったことで、そのＤＶＤを見た社長の方から、コンサルティングの依頼につながったこともしばしばあります。

少し経費がかかりますが、「銀行を訪問しやすくなる」「自分のことをさりげなく宣伝できる」ツールとして考えれば、費用対効果は抜群に高いといえます。

銀行員への人材紹介機関となる

銀行員に対して、取引先の社長は頻繁に「〇〇ができる人を紹介して」「××を取り扱っている会社を紹介して」と依頼してきます。

その要望に応えることができなければ、取引先から、

「使えない奴やな」

と思われ、融資案件など何か頼みごとがあっても、依頼してもらえないようになります。

だから銀行員は、取引先からの依頼にはできる限り、要望に応えようと努力します。

優秀な担当者の頭には「人脈データベース」がありますが、そのデータベースといえども、取引先すべての要望に応えられる人たちが登録されているわけではありません。自分たちと付き合いのない人は、当然、データベースには登録されていないのです。

「介護施設の立ち上げに詳しいコンサルタントを紹介してくれませんか？」

と融資先の社長から依頼されても、自分の取引先に「介護事業者を対象にコンサルティングをしている専門家」がいなければ紹介することはできません。次に考えるのが、「取引先の介護事業者」に相談するということですが、そうそう都合よくその分野の取引先や知り合いなどいないのが現実です。

そんな場合、銀行員が相談するのは「懇意にしている士業・コンサルタント」なのです。

社長さんが経営上の相談を税理士や銀行員にするのと同じ感覚で、銀行員は懇意の専門家に相談してきます。

なぜなら、士業・コンサルタントなら顔が広いので、取引先が希望している人材を紹介してくれる、と思い込んでいるからです。

私は銀行員時代に「若手経営者勉強会」の事務局を担当していました。そこで、

「次回はマーケティングに関する勉強をしたいですね。ヒガシカワさん、専門家の講師を見つ

けておいてくれませんか？」

と頼まれたことがあります。

当時の私には、そのような専門家の知り合いはいません。勉強会の日程は近づいてきて、いよいよ困った私は、２度ほど話をしたことがあるだけの公認会計士の方を思い出し、藁にもすがる思いで電話をしたのです。

「〇〇先生、覚えていますか？　□□信用組合のヒガシカワです。ご無沙汰しとります。今度、若手経営者勉強会でマーケティングの勉強をすることになったのですが、〇〇先生の知り合いで、そんな専門家の方はいらっしゃいませんか？」

と尋ねたところ、ぴったりの人材を紹介してくれました。とても助かりました。

その後、取引先から専門家の紹介の要望があったときなどは、いつも、その会計士の先生にまず相談していました。

こちらが相談するばかりでは申し訳ないので、何か仕事につながりそうな案件があれば、真っ先にその会計士の先生に紹介していました。

銀行員には「人を紹介してほしい」という取引先からの依頼はけっこうあります。

取引先の社長たちは、「銀行員はいろいろな専門家を知っている」と思い込んでいるからです。

そこで、銀行員に人を紹介してあげれば、「いろいろな人を紹介してくれる人」というイメージを銀行員に与えることになります。すると今までより格段に銀行員との接点は増えますし、仕事の紹介にもつながるのです。

銀行員の知恵袋になる

優秀な銀行員や、支店長、渉外担当役席・貸付担当役席などは、取引先の社長からいろいろと相談されることが少なくありません。

「お金を貸すための審査をしている＝いろいろな知識を身につけている」と思われているからです。

そのため顧客は、銀行員が経営学や融資先の業界に関する知識、税務や財務、労務管理など、すべてのことに通じていると思い込んでいるのです。

しかし、そんなに広範囲の知識をもっている銀行員なぞ皆無です。日常業務が多忙な銀行員は、知識を身につける暇はほとんどありません。いろいろなことを知っているようで、案外、知らないのです。

でも、顧客からはいろいろと相談される。相談に応えることができなければ、顧客からの評価が下がってしまい、取引に悪影響を残してしまう。

だから、顧客からの相談には何としても応えようとします。

専門的な知識の場合は、自分で調べるよりも、その分野の専門家に直接聞いたほうが早いことも優秀な銀行員ならわかっていますので、懇意にしている専門家に連絡をします。

しかし、繰り返しになりますが、銀行員には懇意にしている士業・コンサルタントの知り合いはほとんどいません。いたとしても一人や二人といったところでしょう。

そのため、懇意にしている士業・コンサルタントの専門外の相談でも、銀行員は聞いてきます。それは何らかの解決策を出してくれるのを期待しているからです。

私が中小企業診断士の資格をとった直後、知り合ったばかりの銀行員から、

「ヒガシカワさん。今度、ドラッカーの勉強会をうちの経営者勉強会でしようと思っているんだけど、ヒガシカワさんの周りでドラッカーのことをわかりやすく説明できる人いる？」

と電話がありました。

私自身は恥ずかしながら、それまでドラッカーの本を1冊も読んでいなかったのですが、

「何を言うてるんですか!?　私は中小企業診断士ですよ。診断士といえばマーケティングの専門家。私は資金調達が一番得意ですが、２番目に得意なのはドラッカーなんです！　その勉強会の講師、私に任せてみませんか？」

と言って講師を引き受けました。その後、本屋に走ってドラッカーの本を5冊ほど買ってきて勉強し、無事、勉強会を終えることができました。もちろん、受講者には全員満足していただけました。

このように、銀行員と懇意にしておけば、その人間が困ったときには、どんな内容でも必ず相談してくるようになります。

すべてが自分でできるものではありませんが、半分ぐらいは何とか努力すれば自分でできることだったりします。

銀行員の知恵袋的な役割をすることで、案件が自分のところに集中してくることになります。自分ができない案件なら、知り合いの士業・コンサルタントを紹介してあげましょう。銀行員、士業・コンサルタントの双方に喜んでもらえる「Ｗｉｎ－Ｗｉｎ」の関係を築くことにもなります。

第5章　銀行と「Win-Win」の関係になる！

銀行員から紹介された仕事は絶対に断らない

さて、こうやって銀行員とのパイプが太くなり、懇意な関係になると、いろいろと案件を紹介してくれます。

その中には報酬も高く、あまり手のかからない「おいしい案件」もあれば、報酬が低い割には、たくさんの手間がかかる「おいしくない案件」もあります。

できれば「おいしい案件」のみを選んで受けたいのですが、そんなわけにはいきません。どちらかといえば、「おいしくない案件」のほうが多いのが現実でしょう。しかし、そんな案件を断っては絶対にいけません。

銀行員という人種は、基本的に秀才型で、プライドの高い人種です。

断られるということにあまり慣れていません。

ですから、自分が仕事を紹介したにもかかわらず、断られたりすると、その理由の如何《いかん》にかかわらず、落ち込むか気を悪くします。

そして、もう一度断られるのがいやなので、その士業・コンサルタントには仕事を依頼しなくなってしまうのです。

せっかくいい関係を作ったとしても、一度仕事を断るだけで、次から依頼は来なくなってしまうと考えてください。

私も苦い経験があります。あるとき、懇意にしている銀行員から、

「ヒガシカワさん。経営改善計画書を作るお手伝いをしてほしい会社があるのだけれど、リスケをするぐらいだから、報酬をほとんど出せないのだわ。○万円で手伝ってもらえませんか？」

という連絡がありました。

確かに報酬は低かったのですが、仕事としての難易度は高くなく、いつもなら、

「はい。喜んで」

と引き受ける案件だったのです。しかしそのときは、偶然にも他の仕事が重なり、新たな仕事を引き受けることができない状況でした。仕方なく、

「せっかく、仕事をご紹介いただいたのですが、今、手がいっぱいで引き受けられない状況なのです」

「今、引き受けている案件がこれだけあります」

と、状況を全部説明し、お断りさせていただきました。

納得してもらったと思っていましたが、それ以降、あれだけたくさん紹介いただいた、その銀行員からの案件がまったく来なくなったのです。

「ヒガシカワさんに仕事を依頼しても忙しいので断られてしまう」

と思い込んでしまったのがその原因でした。

そのとき、たまたま忙しかっただけだったのですが、相手はそう思わなかったようです。

それからは、紹介の案件が来たときには、どれだけ忙しくても引き受けることにしました。仕事が目いっぱい入っていて、動きがとれないときには、案件を紹介してくれた銀行員に対して、

「今回の案件は、私ともう一人の専門家と一緒にさせていただいてもよろしいですか？」

と聞いて、承諾を得た上で、その専門家に仕事をやってもらうか、

「今、めいっぱいの状態なので、引き受ければ相手様にご迷惑がかかります。よろしければ、私と同じぐらいできる専門家を紹介させていただきます」

といって、他の専門家を紹介することにしました。

私のところに相談に来た案件を、たとえ私が引き受けられなくても、何らかの形で完了させることで、相手は安心して相談してくれるようになります。

自分がどれだけ忙しくとも、何らかの形で案件を引き受けるか、他の方に仕事をふれる体制を作っておくことが、自分自身のリスクヘッジにもなるのです。

銀行員と士業・コンサルタントとの交流会を企画する

銀行員は、新規顧客との接点を求めているのにもかかわらず、異業種交流会などに参加することはほとんどありません。なぜなら、異業種交流会に出ても自分の支店のテリトリーの人と

出会えることが少ないからです。

銀行員が求めているのは、支店テリトリー内の見込み客です。その人たちと知り合いになれる場なら積極的に出向きますし、紹介してくれる人がいれば、仲良くなりたいと思っています。

銀行員が士業やコンサルタントに紹介してもらいたい人脈は２種類あります。

１つ目は、「支店のある地域に密着して仕事を行っている士業・コンサルタント」です。地域に密着して仕事をしているということは、その支店のテリトリー内にたくさんの顧問先や顧客をもっているということになります。

２つ目は「地元の名士」です。

名士とは古臭い言葉ですが、言い換えれば「支店のテリトリー内の多くの方に影響力のある人」のことです。こういう名士の方と知り合いになることができれば、いざというときに、多くの顧客を紹介してもらえると期待するからです。

士業・コンサルタントにとっても、地元の名士は顧客の紹介を期待できるので、お近づきになりたいところですが、残念ながらこういった名士と知り合いになれる機会はなかなかありません。営業をかけたとしても、需要がなければ相手にしてもらえません。

しかし、地元にいる士業・コンサルタントと知り合うのは難しくありません。

同じ地域で仕事をしているのですから、挨拶に伺えばいいのです。

同業ですとライバル関係になったりするので、多少気を使う部分もあります。そのため、異業種の士業・コンサルタントの事務所を訪問したほうが仲良くなれます。

実際に、異業種の士業・コンサルタントから仕事の紹介を受けることが多いからです。

そうやって地元の士業・コンサルタントの知り合いが多くできれば、次にすべきことは「交流会の企画」です。

地元に支店のある銀行をひとつ選び、その銀行の行員と、そのテリトリー内で仕事をしている士業・コンサルタントの方々との交流会を企画するのです。

銀行員も地元の士業・コンサルタントとは知り合いになりたいと思っているので、銀行の支店を訪問し、交流会の企画を提案すれば、かなり高い確率でその企画に乗ってきます。

地元の士業・コンサルタントにしても、銀行と仲良くして、あわよくば顧客を紹介してもらいたいと思っているため、「地元の銀行の支店の幹部社員との交流会をします」といって誘えば、断る方はめったにいません。

銀行側と士業・コンサルタント側の思惑が一致していますから、基本的にはスムーズに話が進みます。

あなたはそのコーディネートをするだけで、銀行とも、地元の士業・コンサルタントとも、人脈を強固にできます。

大きな労力をかけることなく、人脈の「ハブ」になることができるので、交流会の企画はたいへんおすすめです。

「社長の不満」を解決する仲立ちになる

私は仕事柄、多くの社長に対して「銀行との上手な付き合い方」についてのアドバイスを行っています。

社長の多くが、銀行と上手な付き合い方ができていないが故に、銀行に対する不満を抱えています。

そういった不満を解決する仲立ちをするだけで、その社長と銀行との関係は格段によくなり、社長と銀行の双方からとても感謝されます。

解決の仲立ちをするためには、銀行に対する社長の不満を常日頃から把握しておかなくてはなりません。

銀行に対する社長の不満には以下のようなものがあります。

1. 担当者の頻繁な交代
2. 銀行の都合を優先した経営支援セールス
3. 担当者の企業や業界に対する理解が不十分
4. 消極的な貸出姿勢

5．支店長によって対応が変わる

ここでは代表的なこれらの不満の中で1と2に対して、専門家としてどう対応するべきかをお伝えします。

1．担当者の頻繁な交代

銀行は2～3年に一度の割合で転勤があり、その度に担当者が代わります。頻繁に転勤がある理由として、次の3点があります。

①不正を防ぐ……銀行員がその気になれば、簡単に不正ができてしまうのです。転勤により担当が代われば、不正はすぐに発覚します。

②顧客との癒着を防ぐ……担当期間が長いと、顧客との人間関係が濃くなり、個人的な付き合いになることも少なくありません。そうなると、顧客からの依頼を断りづらくなります。その結果、顧客との癒着が発生し、不正な融資につながります。そういった濃密な人間関係が構築される前に転勤をさせて癒着を防ぐのです。

③行員の活性化……同じ部署に長くいると、慣れてしまいダレてきたり、ストレスが溜まってきます。転勤をして環境を変えることで、再び、仕事に対する意欲をもたせるようにします。

これらの理由から、銀行には「頻繁な担当者の交代」はつきものだと考えてください。

自社のことをよく理解してくれるような関係をようやく構築できたぐらいのところで、その担当者が転勤になったという話はよくあります。そうなると、また新たな担当者と一から関係を作らなければならなくなます。そういった手間が社長には不満となります。

専門家として、この問題に対処するためには、「新たな人間関係の構築のサポート」と「新担当者にクライアント企業の内容をできるだけ速やかに理解してもらうためのサポート」を心がけていきましょう。

「人は会えば会うほど、相手に対して行為を抱く」（ザイオンス効果）ということになっているので、「新たな人間関係の構築のサポート」をするためには、わざわざ用事を作って、社長と新担当者とが顔を合わせる機会をたくさん作ってください。

まずは、会社に担当者を呼ぶのではなく、社長と専門家のあなたが一緒に銀行を訪問し、担当者に会うのです。わざわざ自分を訪ねてきてくれたというだけで、転勤して不安だらけの担当者は、その社長に対する好意が格段に高まります。

新しい担当者は、担当した会社に対する知識がほとんどない状態で、引き継ぎます。

とくに融資を受けている場合は、担当者に会社に関する知識がないと、よい稟議書を書いてもらうことができません。今までのようにスムーズに融資をしてもらえなくなる可能性も出てきます。そんな状況を避けるために「新担当者にクライアント企業の内容をできるだけ速やかに理解してもらうためのサポート」が必要となります。

新しい担当者が、すぐに会社の内容を理解できる資料（事業計画書・事業説明書など）をあらかじめ作っておくことで、速やかに会社に対する理解度が上がります。

事業計画書・事業説明書を作っておけば、それを見せて1～2時間、新担当者にレクチャーするだけで、会社の内容を理解してもらえるようになります。

そのレクチャーをあなたが担当することで、社長の手間が省けるため喜んでもらえます。また、新担当者との距離も近くなるので、その新担当者から紹介をもらえる確率も上がります。

銀行の経営支援制度を効果的に利用する

銀行に対する社長の不満の2番目に、「銀行の都合を優先した経営支援セールス」があります。

銀行は、預金や融資といった業務以外にも、いろいろなサービスを行っています。

そのうちの1つが「経営支援サービス」です。具体的には以下のようなサービスを提供しています。

・事業戦略・経営戦略計画策定支援
・経営コンサルティング
・専門家派遣
・財務診断等計数管理アドバイス

・不動産売買情報の提供
・ビジネスマッチング等販路開拓支援
・M＆A等事業承継支援
・人材教育支援
・海外展開支援
・研究開発のための専門機関紹介

これらのサービスは、銀行本体で行っている場合もあり、銀行の子会社であるコンサルティング会社で行っている場合もあります。銀行本体で行う場合は無料で、コンサルティング会社で行う場合は有料でサービスを提供することが多いでしょう。

専門家や士業としては、「事業戦略・経営戦略計画策定支援」「経営コンサルティング」「財務診断等計数管理アドバイス」などは、自らが提供できるサービスです。それ以外の支援となると、個人で行うのには限界があります。

自分たちでは提供できない銀行の経営支援サービスを効果的に使うことで、クライアント企業の業績をより上げることができます。

かといって、一般的な社長は、銀行がどのような経営支援サービスを提供しているのか具体的に知りませんし、忙しくて調べる時間もない社長が多いのも事実です。

「銀行の行っている経営支援サービスを調べ、その情報を提供する」
「経営支援サービスの活用方法をアドバイスする」
「経営支援サービスの利用料（報酬）と費用対効果をチェックし、そのサービスを利用するかどうかの助言を行う」

といったことが、専門家としての役割となるでしょう。

地域密着型銀行が行っている経営支援サービスの1つである「ビジネスマッチング等販路開拓支援」は、取引先の確保に困っている中小企業の社長にとっては、活用しやすいサービスです。

日常業務の中では出会えない取引先と出会えるチャンスだからです。

しかし、ただ漫然と会場に行くだけでは、新たな取引先と出会えるチャンスは少ないので、自社に興味をもってもらえるような工夫が必要です。

社長と、銀行の担当者、専門家の三者でミーティングを行い、そういった工夫をするということが重要になります。

ミーティングをすることで、よい工夫が生まれると同時に、お互いの距離感が近くなります。

社長との距離感が近くなれば、より長いお付き合いができることになるでしょうし、銀行の担当者との距離が近づけば、今後、仕事を紹介してもらえる可能性も高まるでしょう。

専門家としては、「銀行の経営支援サービスの活用サポート」をサービスとして提供できれば、クライアントの成長により貢献できるようになります。

攻めるべき銀行・支店リストを作れ！

どんな営業マンでも、まず最初に、自分が営業すべきターゲットのリストを作ります。

ところが、士業や専門家の多くは、営業活動をしたことがないので、何をしたらいいのかわからないのです。

まずは「攻めるべき銀行・支店リスト」を作成するところから始めましょう。

「攻めるべき銀行・支店」はどこかというと、簡単に見つかります。

それは、「自分の顧問先企業が取引している銀行」に行けばよいのです。顧問先企業の社長さんと一緒に、取引先銀行に行くのは、誰が見ても自然です。

また、顧問先企業にとっても、月に1～2度ぐらい取引先銀行に顔を出しておくことは、つながりを維持するためにも有効です。しかし本業も忙しいのでなかなかきっかけがない。専門家のあなたがきっかけを作ることで銀行を訪問できれば、顧問先からも感謝されます。

顧問先の社長に会ったときに、

「社長、こんど一緒に銀行行きましょ！　どことお付き合いしてはるんでしたっけ？」

などと言いながら、「銀行・支店リスト」を埋めていきます。

リストには、顧問先企業の取引銀行名、担当者氏名、現在の融資状況などを記入します。多くの企業は複数の銀行と取引をしていますから、リストにも複数の銀行が書き込まれるでしょう。その中で社長が行きやすいところから訪問すればよいだけです。

社長の中には、銀行が嫌いな人もいます。そんな社長は一人では絶対銀行に行きません。

「社長、月にいっぺんぐらい顔出しとったら、銀行さんもお金貸しやすくなりまっせ。しゃべるのは私に任せといてくれればいいんで、一緒に行きましょう」

こうやって、社長を連れて銀行に行きます。社長も最初は渋るかもしれませんが、銀行とのパイプを太くすることは商売上必要なことはわかっていますから、絶対についてきます。そして、きっかけを作ってくれたあなたに感謝するでしょう。顧問先に対して、付加価値を提供したことにもなるのです。

さて、顧問先企業が取引をしている銀行のリストができあがったら、基本的には「行きやすいところ」「顧問先企業と仲の良いところ」から訪問すればいいと思います。

ただ一点、心がけておいてほしいことがあります。

「都市銀行や大きな地方銀行より、地元の銀行を優先！」

ということです。

第2章でも述べましたが、都市銀行や地方銀行は規模が大きいため、大口取引先である大企業を優先した対応になりがちです。中小・零細企業のことはあまり考えてくれません。また、行員が人事異動でそれこそ日本中を転々としますので、担当者とパイプを太くしてもあまり意味がないのです。

それに対して、「地域密着金融機関」である第二地方銀行、信用金庫、信用組合などは、取引先のメインが地元の中小・零細企業なので、訪ねて行っても大切に扱ってくれます。また、仮に人事異動で担当者が代わったとしても、銀行自体のテリトリーが狭いので、前の担当者も市内の別の支店にいる、なんてことはよくあります。そのため人事異動があったとしても、担当者との関係を続けていけるのです。これは大きなメリットです。

いずれにしても、士業の多くは営業をまともにしたことがない方ですので、まずは「攻めるべき銀行・支店リスト」を作ることがスタートです。どんな業界でも、お客さんを獲得する上で最初にやるのはリスト作りです。

リストを作り、会いに行くことで、今後の戦略が具体的になります。机の上であれこれ考えるより、まずはリストの中から行きやすい銀行を訪問することから始めてみましょう。

銀行主催の勉強会は絶対参加！

銀行では事あるごとに、取引先などを集めて「勉強会」を開催しています。

こうした銀行主催の勉強会は、招待客だけが参加できるクローズドなものもありますが、希望者が誰でも参加できるオープンな場合もけっこうあります。

オープンな勉強会というのは、銀行としては一人でも多くの参加者を集めたいので、取引先などにも声をかけて動員をしています。それでも、なかなか集まらないのが現実なのです。ですから、銀行主催の勉強会の情報は敏感にキャッチする。また付き合いのある銀行員の方から勉強会の案内がきたら、その場に参加することが大切です。すると、向こうはたいへん感謝して大事に扱ってくれますから、銀行との関係はさらに太くなるのです。

士業でいえば、直接自分のところに勉強会の案内が来なくても、顧問先の企業のところに案内が来ている場合があります。そこで、前もって自分のクライアントにも声をかけておきましょう。

「社長、もし取引銀行の勉強会かなんかありましたら、私も興味があるので、声かけてもらえませんか？」

そうすると、たいていの社長さんは忙しくて勉強会に参加できませんから、

「わかりました。僕はこの日は行けませんけど、こんなの来てましたよ～」

といった感じで、教えてくれるでしょう。

勉強会が狙い目なのはもう1つ理由があります。

それは、普通に銀行を訪問してもなかなか会えない、支店長や渉外担当役席といった「お偉いさん」が出席しているケースが多いからです。場合によっては、本店から役員クラスが参加

したりもします。

勉強会の後には「懇親会」などと称して、飲み会場が設けられているケースも多くあります。たいていは実費参加になりますが、そこはケチらずに参加しておきましょう。

懇親会のときに狙うべき人間は、「勉強会の司会をやっていた人」です。

支店内で勉強会の担当者は決まっていて、その人が司会をやることがほとんどです。

懇親会では、司会をやっていた人の隣に座りましょう。そして「今日は司会お疲れさまでした～」と声をかけましょう。そこから、次のように話を展開していくのです。

「今日は初めて参加さしてもろうたんですけれど、すごく勉強なりました。いい機会をいただいてありがとうございます。この勉強会は、よくやってはるんですか？」

「２カ月に一度のペースでやってます」

「次はいつされるんですか？」

「○月○日の予定なんです」

「へえ～、次はどんな方が来られるんですか？　どんな内容ですか？」

と、ここまで話が進めばしめたものです。私も金融機関に勤務していたころ、勉強会の担当をしていました。担当者は、今の回を無事に終わらせるので精一杯で、次回の中身や講師などはその時点で決まっていることはほとんどありません。

もし、まだ決まっていないようなら、すかさず売り込むのです。

「もし次回の講師が決まっていなくてお困りなら、私、こんなテーマでしたらお話しできますから、講師をさせてもらってもかまいませんよ。毎回毎回、講師を見つけてくるのも大変ですからね」

担当者は大喜びで、次にこう言うでしょう。

「いいんですか？　でも、報酬はあんまり出せないんですが……」

「もちろんノーギャラで結構ですよ」

本当にノーギャラでやったとしても、今後の銀行との関係を考えると、おつりが出るほどおいしい話です。打ち合わせと称して、その担当者とも何度も会って話ができますし、講師となれば、さらに支店の上の人間とつながる機会もできますから。また、講師を務めた勉強会の参加者が、そのまま自分のクライアントになるケースも多くあります。

大事なのは、懇親会で「司会をやった人の隣に座る」ことです。士業の方は口下手だったり、自分から話しかけるのが苦手な人も多いですが、隣にさえ座れば、向こうから話しかけてきてくれます。銀行からしたら、勉強会に参加してくれた大事なお客様ですから。

ノーリスクで、大きなチャンスを得ることができますから、銀行主催の勉強会には絶対参加していきましょう。

関与先の決算報告説明会を行う

す。

「関与先の決算報告説明会を行う」というのも、銀行とのパイプを太くするには有効な手段です。

とくに税理士の方などは、

「顧問先の企業で決算書が出ましたんで、その報告に伺いたいんですけど、お時間とってもらえませんか？」

と言えば、銀行は必ず時間をとってくれるでしょう。決算書だけ受け取って「はい、さようなら」なんてことは絶対にありません。

うまくいけば、担当者だけでなく、貸付担当役席や支店長も同席してくれるかもしれません。

そもそも、わざわざ銀行に決算書を持って出向いて、内容を説明する会社なんて、おそらく１００社に1社もないはずです。それだけで「きちんとした会社だな」という好印象を与えることになります。仮に決算内容が悪かったとしても、

「前期はこういう理由で悪い数字でしたけど、今期はこういうふうに改善しますから、引き続きよろしくお願いします」

と説明することで、悪いイメージを払拭《ふっしょく》できるチャンスになります。なんだかんだ言っても、まじめにやっている会社には金融機関も「応援しよう」という気持ちになるものです。

社長自身は面倒くさがってなかなか銀行に行きたがりませんから、専門家のあなたが間に入って、銀行に同行するようにすれば、結果的に銀行と社長の双方から感謝され、誰にとってもいい結果になります。

銀行にとっても、

「この税理士さんは、顧問先のことをきちんとフォローしてはるんやな。しっかりした先生やな」

と、好印象をもつことでしょう。

その銀行員が、別の取引先から「誰かいい税理士さん知りませんか？」と聞かれたときには、「そういえばこの間、顧問先の決算書を持ってわざわざ説明に来てくれた税理士さんがいらっしゃいましたよ。ていねいでしっかりした先生みたいやから、ご紹介しますわ」

と、新しい顧客の紹介につながる可能性もありますね。

銀行・社長・専門家の三者誰にとってもおいしい話ですので、決算書の説明会はぜひ行ってみてください。

銀行員向け勉強会を提案する

ある程度、銀行員との関係が築けてきたなら、今度は「銀行員向けの勉強会」を提案してみましょう。

これは先に挙げた、「銀行主催の勉強会」とは異なり、外部の取引先を招くことはなく、純粋に銀行内部で行員が知識を得るために行うのです。もちろん、講師は専門家であるあなたが務めるのです。

最初は5～6人といった小規模でかまいません。相続だったり、年金関連だったり、その時々で銀行員が関心のありそうなテーマを選んで1時間ほど話をし、あとの1時間は懇談すればいいのです。

「こんな話をお客さんに伝えたら喜びますよ」

というようなテーマを設定するのがポイントです。

「相続」「年金」「中小企業向けの助成金」などのテーマは需要が高いと思われます。場合によっては、知り合いの専門家や士業の方と組んで、2～3人で一緒に勉強会を開催してもいいでしょう。

銀行員は、お客さんの問題や悩みごと、質問に対してすべて答えられるわけではありません。また、日々の業務が忙しく、銀行員自身があらゆるニーズに対応するのは物理的に不可能であります。

そこで、銀行員にとって大事なのは、「何を知っているか」ではなく「誰を知っているか」なのです。

相続問題で困っているお客さんから相談されたとき、その銀行員が自分で解決する必要はありません。

「だったら、相続に詳しい税理士の先生を知ってますから、ご紹介します」

これでオーケーなのです。

ですから、銀行員向けの勉強会で、あなたと、また別の専門家と知り合えるのであれば、それだけで銀行員としては大きな収穫なのです。

また、「あの先生は顔が広いから、相談すればなんとかなるんちゃうか」と思われておくのも、大切なポイントです。今後、銀行員が何か困ったときに、あなたに相談してくる可能性が高まるからです。

ちなみに、特許や商標関係の案件が出てきたときに活躍するのが弁理士ですが、銀行員で弁理士の知り合いがいる人はほとんどいません。なので、弁理士の知り合いがいる人は仲良くしておきましょう（笑）。あなた自身が弁理士の資格をもっているなら、銀行を訪ねていくと、希少価値があるので必ず重宝がられます。

銀行員は専門分野の知識が得られて、なおかつ専門家や士業の知り合いが増える。一緒につれていく士業の人からも、銀行とのパイプができて感謝される。あなたも銀行とのパイプが太くなると同時に、専門家の人からも感謝される。関係者の誰もがハッピーになれますし、またさほど労力がかかりませんので、ぜひ「銀行員向けの勉強会」を企画してみてください。

顧客向け勉強会を提案する

さて、銀行は「顧客向けの勉強会」を開催していると書きましたが、実際には、勉強会の開催に熱心な支店もあれば、そうでない支店もあります。

あまり勉強会を開催していない支店も、決してやりたくないわけではありません。顧客向けのサービスですから、意味があることはわかっています。ただ、忙しくて人手が足りなかったりしてできていないわけで、「誰かやってくれる人がいればいいのにな」と思っています。

そこで、勉強会をあまり開催していない支店には、こんな感じで話をしてみてはいかがでしょうか。

「今度、おたくの支店で、お客さん向け勉強会みたいなことを私にやらせてもらえませんか？チラシ作りからセミナーの企画から、全部やらせていただきます。もちろんノーギャラで結構です。場所の提供と、集客だけやっていただければ大丈夫ですから」

とくに、前項で挙げた「銀行員向け勉強会」を開催した支店であれば、信頼関係ができていますから、すぐに乗ってくるでしょう。

テーマは、銀行が集客をしやすいものを提供してあげましょう。たとえば今なら、「小規模事業者持続化補助金」という制度があります。これは、「経営計画に基づいて実施する販路開拓などの取り組みに対し50万円を上限に補助金が出る」というものです。

たとえばこのように、取引先企業の社長に「おっ、なんかおいしい話が聞けそうやな」と思わせるネタを、常日頃から仕込んでおきましょう。社長は忙しいため、「何かお得な制度はないか」と思いつつも、情報をキャッチしきれないからです。

参加する社長は「おいしい話」を聴くことができる。その場を提供した銀行と銀行員は顧客から感謝される。そして専門家のあなたは、社長と銀行の双方から「お得になる情報をもっている先生」だと認識され、今後の仕事につながっていく……。

やはり三者ともがハッピーになれる企画です。

また、前に挙げた「銀行員向け勉強会」でも同様ですが、実際に勉強会を開催するまでに「打ち合わせ」と称して銀行を何度も訪問できますし、その担当者とのパイプは格段に太くなります。それだけでも、こちらとしては大きなメリットです。

「この支店は、あんまり勉強会とかセミナーとかやってないんだな〜」

と思ったら、そこであきらめるのではなく、ぜひ自分から企画提案をしてみましょう。

銀行にパイプをもっている専門家を活用せよ

ここまでいろいろな方法を書いてきましたが、

「そうは言っても、銀行は畑違いだし、なかなか知り合いが作れないな〜」

と思っている士業の方もいらっしゃるかもしれません。

そういうときは、士業どうしのネットワークを活用しましょう。

どんなに人脈がないと言っても、同業種であれば、「地元の行政書士会」などといったネットワークがあるはずです。また仕事を通じて、隣接する分野の士業の方と知り合いになるケースは日常的にあります。

士業の方は勉強ができる優等生が多いため、一般人とのコミュニケーションがとりにくい人が多いのですが（笑）、士業どうしは同じ仲間という意識もあって、話しやすいのです。

そこで、銀行にパイプをもっている専門家を探して、こう相談してみましょう。

「○○先生、僕、A銀行さんと仲良くなりたいと思ってるんですけど、先生はお付き合いあるんですよね。今度A銀行に行くとき、一緒に連れて行ってもらえませんか？　一度、ご紹介いただいたら、後は自分で何とかしますんで」

すると、向こうも、「おっ、じゃあ久しぶりにA銀行にも顔出しておくか」と、銀行を訪ねる口実にもなるので、一石二鳥なのです。

面識のない銀行を最初に訪問するのは非常にハードルが高いので、銀行にパイプのある専門家を活用させていただきましょう。

なんでもそうですが、人から紹介された場合にはなかなか無下には扱えません。そのため銀行員としても、あなたのことを丁重に扱ってくれますし、何かの折には、

「そういえば○○先生に紹介された中小企業診断士さんがいたな。先生の顔を立てる意味でも、お仕事をお願いしておくか」

と、あなたのことを思い出してくれるでしょう。


逆に、もしあなたが他の士業の方から「銀行に一緒に行かせてくれ」と頼まれた場合、「なんで商売敵を連れてかなきゃあかんねん」などとケチくさいことは言わずに、喜んで連れて行ってあげましょう。

私も今は、いろいろな士業の方を銀行に紹介しています。そうすると銀行の側も「ヒガシカ

ワさんは顔が広いから、あの人に頼めばなんとかなるやろ」という感じで、いろいろな頼みごとをしてくれるようになるのです。そして、銀行に連れて行った専門家からも感謝されますから、何か困ったときには助けてくれるようになります。

「僕でできることは何でもやるから、使ってください」

というスタンスでいれば、どんどんネットワークが広がって、結果としてそれが新しい仕事にもつながるのです。

銀行員を招待してもいいのです

今度は逆に、「専門家の勉強会や交流会に、銀行員を招待する」ということについて説明しましょう。

私は毎月、「クラブネクストフェイズ」という、士業を集めての勉強会を開催しています。またそれとは別に、2カ月に一度のペースで「融資に強い士業・コンサルタント実践勉強会」も開催しています。

こうした勉強会はたいてい地元の専門家を対象にしていますから、そこに地元の銀行の人を招待すると、たいへん喜ばれます。専門家も銀行員も、地元に人脈が欲しいことには変わりありませんから。

とくに、銀行員はなかなか専門家の知り合いがいない、ということは前にも述べました。そのため、地元の士業や専門家たちが集まる勉強会に誘われれば、銀行員は喜んで参加してくれます。

士業の人間は比較的時間の自由がききますから、銀行員の参加しやすい時間帯をリサーチして、その時間に勉強会をセットしてもいいでしょう。

銀行員を招待できた場合、

「銀行さんって、どんなこと考えてはるんですか？」

と、みんなから質問してもらうといいでしょう。そうすることで、銀行と専門家、それぞれの立場と本音が聞けることになり、双方がわかり合えるいい機会になります。

夕方や夜からの勉強会であれば、そのまま「懇親会」と称して食事をしてもいいでしょう。専門家と銀行のパイプを太くする。お互いの情報交換の場になる。そして、その場をセッティングしたあなたは双方から感謝される……。いくつものメリットがあります。

「勉強会をやるのはいいけど、集客がたいへんそうだな」

と考えるかもしれませんが、心配は御無用です。個人で開催する勉強会なら、参加者は少なくて当たり前です。むしろ「地元密着」をアピールして、ご近所だけでやってもいいでしょう。FAXかメールで知り合いに告知をして、返事が来た人だけでやればいいのです。銀行が主催する勉強会なら人数が集まらないとメンツがつぶれますが、あなたが個人で開催する分には、人数は少ないぐらいでちょうどいいので、まずは開催してみることをおすすめします。

銀行付き合いのタブー

さまざまな「銀行とのパイプを太くする方法」を説明してきましたが、ここで、「銀行付き合いのタブー」についても触れておきましょう。

銀行員はお金を扱う職業であるということを考えて、相手に配慮すべきところもあるからです。やってはいけない「銀行付き合いのタブー」を何点か紹介します。

1．普段はお客さんを紹介してくれないのに、他行で融資を断られて困ったときだけお客を連れてくる。

これは銀行員としては一番腹が立ちます。銀行はお客なら誰でもいいわけではありません。商品を売って終わりという仕事ではなく、貸したお金を回収するまでが仕事ですから、返済能力に疑問のあるお客ばかりを連れてこられても困るのです。

普段、いいお客さんを紹介してくれる人が、たまに「問題あり」のお客を連れてくるのはオーケーですが、いつもいつも「問題あり」だと、

「あの先生が連れてくるお客は要注意だから、あんまりつきあわんほうがええで」

と、あなたまで銀行から敬遠されてしまいます。

2．お客さんの都合ばかり優先して、銀行に厳しい。

社長さんと一緒に銀行に行くということを本書でもすすめてきました。

ここで大事なのは、三者で面談したときに、顧問先だからといって社長さんの肩ばかりもって、銀行には「お前さんが折れろ」などと厳しい態度で臨んではいけません。

銀行からすると、専門家がついてきたということは、「調整役」として皆が納得できる形に話を進めてくれると期待しています。それが、社長の肩をもつばかりでは、

「お前はなんのためにおんねん！」

と、怒りの矛先が専門家のほうに向いてしまいます（お客さんに騒がれるのは、銀行員は日常茶飯事ですから、それほど腹は立ちません）。

ですから、きちんと銀行の立場も考えて、冷静なプロとしての対応を心がけるようにしましょう。

3．「お客さんを紹介してくれ」としつこく迫る。

銀行員にとって一番うっとうしいのがこのパターンです。

銀行員が自分から誰かを紹介したがらないのは、前にも述べましたが「○○銀行」という看板を背負っているため、何か問題になったときに個人ではなく銀行全体の責任になりかねないからです。

そして行内の人事評価もあって、銀行員は失点を非常に嫌います。そのため、余計なことを

して自分のリスクを高めるようなことはしたがりません。

言い方としては、

「相続の問題で困っているお客さんがいましたら、お手伝いしますから、いつでも言ってくださいね」

という感じで、「銀行の困りごとを解決する」というスタンスを崩さないことです。言い方ひとつで先方の印象はガラッと変わります。こちらから売り込むのではなく、銀行のほうから頼みやすい雰囲気をつくる、ということを心がけていきましょう。

銀行への訪問は「3回目」からが本番

ここで、士業に限らず、多くの営業マンが陥《おちい》りがちな問題を指摘しましょう。

1回目に挨拶に行って、名刺交換をして、こちらの資料を渡したり、説明をしたりします。初対面であるが故に、自己紹介だけである程度、場はもちます。

ところが、多くの営業マンはここで終わり、2回目の訪問をしません。かろうじて2回目の訪問をした営業マンも、1回目のときから新しい話がないので、なんとなく話が盛り上がらず、気まずい感じで面談が終わります。

すると、もう98%の人間は、3回目以降の訪問をしなくなります。2回目のときに「盛り上がらなかった感じ」を覚えているので、「用事もないのに行って、また気まずくなるのではないか」と、訪問するのが怖くなってしまうのです。

とくに士業は営業に慣れていない人が多いので、多くの人がここで挫折してしまうのではないでしょうか。

ところが、実際に仕事につなげていくには、３回、４回と、訪問を重ねてパイプを太くしなければいけません。

ですから、はじめから「４回は訪問する」ということを想定して、シナリオを組み立てておくといいのです。

まず１回目に訪問したときは、

「この近所で税理士をやってる○○と申します。お客さんからもよく、『地元の銀行を紹介して』と言われるので、これから仲良くさせてもらえればと思ってご挨拶にきました」

と言います。ダメな人は、この場で自分の資料や何かを渡して、説明を始めてしまうのです。

そうすると２回目に行ったときに話題がなくなります。そこで、

「何かありましたら、またご相談させていただきますので、今後ともよろしくお願いします。今度、うちの資料をもって、ご説明にあがりますね」

と言って、１回目はサッと切り上げるのがコツです。

そして、あまり日をおかずに２回目の訪問をするのです。

「この間は、ありがとうございました。前回うちのことあまり説明できなかったので、ちょっ

と資料持ってきました。時間があるときに見ておいてくださいね」

といって、2回目に資料を持っていき、場合によってはその説明もしますが、あまり時間をかけずに帰るようにしましょう。

そして3回目の訪問がポイントです。先にも言ったように、3回訪問する人はほとんどいません。この時点で銀行員にとっても印象が強くなっていますので、より具体的な話をもちかけるようにします。

「僕のところのあるお客さんが、銀行さんとの取引でこういう状況でちょっと困っていて、こんな場合はどうしたらいいですかね？　ちょっとご意見を聞かせてもらえますか？」

と言って、相手に「情報をください」というスタンスでいくとちょうどいいのです。こちらから話すことがあまりなければ、相手に話させればいいわけです。

そこで何かしらのアドバイスをもらったら、次の4回目で、

「おかげさんで、この間のアドバイスをお客さんに伝えたら、うまいこといきました。本当にありがとうございました」

とお礼を伝えに行くのです。

どうですか？　これだけで4回の訪問が難なくこなせるでしょう。4回も顔を合わせれば、人間同士がそれなりに打ち解けていき、話も弾み、パイプも太くなるでしょう。何より、お礼を言われていやな気持ちになる人はいません。

もしくは3回目で、こういう話をするパターンもあります。

「私のお客さんで、この地元の会社なんですけど、いま○○銀行（別の金融機関）とだけしか取引してないみたいなんです。そこで社長が『もう一つぐらいどこか銀行とお付き合いしとかなきゃ』と言われたんですわ。私が知っている銀行はおたくぐらいしかないので、今度、社長を連れてご挨拶させてもらってもいいですか？」

こう言えば、銀行員は「ありがとうございます」と大歓迎です。

もちろん問題のあるお客ならともかく、普通の会社なら問題ありません。そこの社長には、まさに銀行に言った通りに、

「社長、もう1つぐらい取引銀行を作っておいたほうがいいですよ。この間、あそこの銀行と知り合いになったので、今度一緒に行きましょ」

と言って説得し、銀行に連れて行ってください。

そして社長と一緒に銀行を訪問すれば、4回目の訪問となるのです。


最初に申しあげたように、ほとんどの人は、かろうじて2回目までは営業にいっても、3回目の訪問はできません。はじめから「4回訪問する」と決めて、シナリオを考えてから銀行にアタックしていきましょう。それだけで、他の士業と大きく差をつけることができます。

人間は顔を合わせた回数に比例して親近感が増していきます（ザイオンス効果）。「何度も行くと話題がなくなる」というなら、最初から複数回訪問することを考えて、シナリオを考えて

おきましょう。

自分の専門分野を効率的に伝えるために

銀行を訪問したときなどに、どうやって自分のことをアピールすればよいのでしょうか。

一番有効なのは、ありきたりと思われるかもしれませんが、自分の事務所のチラシを作ることです。

しかし、ただのチラシでは、そこらへんのダイレクトメールといっしょくたにされてゴミ箱行きです。

そこで、自分の専門分野を効率的に伝えるために、「付加価値サービスチラシ」を作ってみましょう。

私は以前、自分の事務所のチラシには、表面に【若手・2代目経営者・経営力向上プログラム】と大きく謳い、「2代目を鍛えるコンサルやってます!」と記していました。チラシを見た人はたいてい、

「2代目を鍛える、ってどんなことをやってはるんですか?」

と聞いてきますので、「裏に書いてあります」とさらに詳しい説明を見せるのです。

今、社長のほとんどは、後継者問題で悩んでいるのです。「2代目を鍛える」というのは、社長にとっては自分の子どもだからなかなか難しい。ですからそこを私が代わりにやります、

というのが自分のウリ、「付加価値」になるのです。

そうすると、銀行を訪ねたときも、このチラシを渡して、「こんなセミナーやってるんです。もし、『2代目が頼りなくて～』なんて社長さんがいたら、ぜひこのチラシを渡したってください」

と、自分の専門分野を効率よく伝えることができます。

チラシには、「あなたならではの独自性」と「顧客のメリット」が一目でわかるように盛り込んでください。


また、専門分野のアピールは、なるべく具体的に、そしてニーズがありそうなところをターゲットにしていきましょう。

お客のニーズに合ったサービスを提供していることが一目でわかるように、表にはドーンとサービス名を大きく書いて、細かい説明は裏面を読んでいただく。そうすることで、自分の強みや専門分野をアピールできます。

士業には慎重な性格の人が多いからか、自分の専門分野を絞り込むのを怖がっている人が多いのです。専門分野を絞り込んだ瞬間に、他の仕事ができなくなるのではないか、と恐れているのでしょう。そのため、「何でもできます」というスタンスでいるのですが、そうするとかえってお客さんは来ません。

たしかに、「この分野で勝負する」と絞り込むのは勇気がいることです。けれども、一度絞り込んだからといって、それきり変えてはいけないというルールなどありません。

一度やってみて、「これはちょっと自分には合わないな」「あまりお客さんのニーズがないようだな」と思ったら、さっさとやめて、他の切り口を探せばいいのです。あるいは、得意分野を複数もったって、いっこうにかまいません。

少し話がそれますが、士業の最大の弱点は「トライアル&エラー」が苦手なことでしょう。難関試験に合格するだけあって、皆、頭はいいのです。しかし、ミスをしてはいけないと思うからか、「石橋を叩いて渡らない」どころか、「石橋を叩きすぎて壊してしまう」という人も多いのです。

ですが今の時代、資格をとっただけで安泰ではありませんし、「何をすれば成功するか」も、誰にもわからないのです。

大事なのは、決断のスピードと、「失敗したらやりなおせばいい」というマインドでしょう。

「決断→実行→結果」、というサイクルがあります。「実行→結果」に3日ずつかかるとしましょう。決断のスピードが速い人は、1日で決断し、実行に3日かけます。結果が出るのに3日、合計7日で結果が出ます。逆に決断のスピードが遅い人は、まず決断に10日かかってしまう。すると実行と結果が同じ時間かかったとしても、結果が出るまでに16日かかるのです。

決断が遅い人が1回トライする間に、決断が速い人は2回トライできます。われわれ凡人は、頭の出来はたいして変わりませんから、10日かかった決断と1日かかった決断には、ほとんどの場合、大差ありません。決断が速い人のほうが成功する確率が上がるのは、当然ですね。

ですから、本書を読んでいる皆さんは、ぜひとも「トライアル＆エラー」のサイクルを速くすることを心がけてみましょう。専門分野も、「面白そうだから、ためしにこれでやってみる」ぐらいの感覚でいいですから、まずは何かを決めて、チラシを作ってみましょう。

いやみなく自然に実績を伝える方法

自分の実績をアピールするのは、チラシ等の宣伝物も大事ですが、やはり会話の中で相手に感じてもらうのが一番です。

とはいっても、「私はこんなにすごいんです」という自慢話ほど、聞き苦しいものはありません。誰も、他人の自慢話を聞きたい人はいません。

ではどうしたらいいでしょうか？

私がよく使うのは、雑談の中で、「経験談として相手にアドバイスする」というパターンです。

こちらからいきなり経験談を話しはじめるのは、「自分語り」のようでかなり敬遠されます。何か相手が困っていたり、またはお客さんの話になったときに、参考になるようなケーススタディとして話すのです。

「そういえばさっきのお客さんの話だけど……。僕のところでも、この間、お手伝いさせてもらったお客さんが、やっぱり同じようなパターンだったんですよ。○○の件で困っていてね……。僕のお客さんのときは、僕が間に入って××の角度で交渉してみたら、うまいこと解決したんですよね。その方も、同じようなパターンじゃないですか？」

そんな感じで相手に水を向けてみて、まさに同じようなパターンだったら、さらに細かくアドバイスをしてあげましょう。

「僕がやったときは〜」と、さりげなく自分の経験であることをにおわせて、「自分はこういう案件を解決できる」というアピールをするのです。

自分から経験談を語りはじめるのではなく、相手が抱えている問題に合わせて話しはじめるのがコツです。

そのためには、多少話を盛ってもいいので（笑）、「こういう問題のときは、この話をしよう」と、自分の中に引き出しをたくさんもっていなければいけません。

チラシを作ったりする際にいろいろ考えながら、アピールすべき実績やその裏付けとなるエピソードは、きちんとストックして頭の中に入れて、いつでも会話の中で出せるようにしておきましょう。

「いい人」と思ってもらえるよう人間性をアピールする

実績やサービス内容をチラシやホームページなどでいくらアピールしても、仕事は人間がするものです。最終的には、あなた自身の「人間性」が決め手になってきます。

相手に、「この人はいい人だな」「信頼できるな」と思ってもらえるように、あなたの人間性を伝えていきましょう。

そのために大切なのは、「共感プロフィール」という考え方です。

チラシやホームページに、プロフィールを載せることも多いでしょう。その際に、単に自分の経歴や資格だけを記すのでは、不十分です。

「私はこういう思いで、この仕事を選びました」

「仕事をしていくなかで、さらに強くなった使命感」

といった、あなたの「熱い想い」や「情熱」を、経歴と合わせて綴っていくのです。

私の友人の、ある公認会計士のエピソードを紹介します。

その方はM＆A（企業の合併・買収）を専門にしており、その分野でセミナーなども開催していました。あるとき、中小企業向けのセミナーを企画した際、直前になって運営側から、

「中小企業の社長を相手に、会社の売却の話などをするのは失礼だ」

と、ストップがかかってしまったのです。

そこで友人は、「自分がどういう思いでこの仕事をしているのか」を、社長に向けて綴った「私について」という紙を担当者に渡します。そこには、「社長や社員、社員の家族のためにも、

会社をつぶさないことが大切」「そのために、自分はこの仕事をしている」という、彼自身の情熱ほとばしるメッセージがつづられていました。

その文章を読んだ担当者は感動し、もう一度、運営側で検討がなされ、セミナーは無事に開催されたのでした。

ちなみに、私のホームページに記されているプロフィールは、このような文章です。

1964年大阪生まれ。関西大学卒業後、地元地域金融機関に勤務。

2000年12月に勤務先が破綻したことにより「カネなし」「資格なし」「人脈なし」「経験なし」の状況にもかかわらず経営コンサルタントとして独立。

独立から3年近くは「食えない」状態が続いたが、その状況にめげず、積極的に「自主セミナー」「人脈構築」「営業活動」「ブランディング構築」等、いろいろと試行錯誤を重ねた結果、多くの顧問先を獲得するに至る。

「顧客がとれないつらさ」をいやと言うほど味わっており、そのつらさを「中小企業の成長に寄与したいという熱い想いを持っている専門家（士業・コンサルタント・講師等）に味あわせたくないと考え、「食えない」時代から続けてきた、顧問先や仕事の獲得についてのノウハウを体系化し、そのノウハウを伝えていくことに注力している【繁盛士業プロデューサー】である。

現在は、年間２００回以上のセミナー・講演を行う傍ら、30件以上の顧問先に対してコンサルティングを行っている。

いかがでしょうか？

なぜ私が「繁盛士業プロデューサー」を名乗っているのか。そこに至った経緯と、思いを込めたつもりです。

ぜひ皆さんも、単なる「経歴」ではなく、人の心を動かす「共感プロフィール」を作成してみてください。

第6章　銀行&士業のインタビュー
そして、銀行の融資の今とこれから

この第6章では、銀行といい関係を作ることで次々仕事をゲットしている士業さんと、士業と上手に付き合って業務を円滑にまわしている銀行員さん、それぞれの声を聞いていただきます。

現場の生の声を読んでいただけると、「今までヒガシカワが言ってたことは、ウソじゃないんだな」とわかってもらえるはずです（聞き手は著者）。

【士業へのインタビュー】

①ザック国際特許事務所　崎山博教《さきやまひろのり》弁理士

――現在、どのような金融機関とお付き合いをされていますか？

地元の信用金庫さんと、都市銀行さんとお取り引きがあります。ただ、都市銀行さんは口座があるだけで、担当者とやりとりして他の仕事につなげている、というわけではありません。その意味では、地元の信用金庫オンリーと言えるかもしれません。

――銀行からは、具体的にどのような仕事を紹介してもらっているのでしょうか？

大きく分けて、「特許出願」「商標」「著作権」というそれぞれの分野で、相談者を紹介してもらっています。だいたい割合としては、特許出願5割、商標3割、著作権2割、といった形です。

銀行の担当者から、

「私が担当しているお客さんで、こういうことで困っている人がいるんですけど、今度一緒に行って相談に乗ってくれませんか？」

ともちかけられて、相談者のところへ一緒に行く、というのが主なパターンです。

——著作権の相談も意外と多いのですね。そんなにきますか？

最初から「著作権のことで～」と相談に来られることは少ないのですが、特許は商標などについて相談している際、「そういえば、こういう件があるんやけど、これって著作権はどうなんでしょうか？」と、ついでの話として挙がってくるケースが多いです。

著作権に関するアドバイスは、登録業務が発生しないので直接お金にはならないのですが、相談に乗るようにしています。

——そもそも、どういったきっかけで銀行とお知り合いになったのですか？

最初は、創業時に政策金融公庫から融資を受けた際に、その受け入れ先の口座が必要になって、近所の信用金庫に口座を開設したのがきっかけでした。口座を作るときに、自分をPRするチラシを持って行って、担当者にお渡ししたのです。それで、「このセンセは、何ができる人なのか」というのを、覚えておいてもらったのだと思います。

しばらく経ってから、その担当者から、

「私のお客さんが、『○○○というアイデアを考えたのだけど、特許出願できるでしょうか』と言ってきてるんです。特許とることができるかどうか、センセ、相談に乗ってくれませんか？」

という連絡がきました。

それで一緒にお客さんの相談に行ったのが、きっかけでした。

——銀行の担当者さんは、なんで崎山さんのところに連絡してきたと思いますか？

担当者さんは「他に相談できる人がいなくて……」と言っていました。

——なるほど。それで困ったときに、崎山さんのことが頭に浮かんだのでしょうね。

そうですね。

今、その銀行と付き合いのあるシンクタンクからも、よく仕事をいただいています。シンクタンクには私と同業の弁理士さんが４～５人登録されているそうですが、おかげさまで私に仕事がくることが多いのです。

その点についてシンクタンクの担当者に聞いたところ、

「他のセンセは敷居が高くて、いうたら『上から目線』なんです。だから、お客さんのところに安心して連れていけないんですね。崎山センセは話しやすいので、お客さんのところに一緒に行っても安心ですから」

という答えが返ってきました。

相談しやすい雰囲気、敷居の低さといったところが、お客様を紹介してもらえる大きなポイントなのかもしれません。

――大事なところですね。勘違いしている士業は、自分のことを「先生」だと思ってしまうんです。本当はサービス業なのに……。

さて、崎山さんのご経験から、銀行との付き合い方で大事なことは何だと思いますか？

まず、地元の銀行としっかりしたお付き合いをすることが大切でしょう。大手の都市銀行だと、顧客も多いので、小さな士業事務所だとどうしても「その他大勢」になってしまいます。継続的に仕事を紹介していただいたり、後々のフォローという意味でも、小さくても地元の銀行と仲良くなることが、大前提だと思います。

——どうすれば、銀行から仕事を紹介してもらえるようになると思いますか？

「士業だ」「弁理士だ」といっても、具体的に何ができる人なのかを相手は知りません。私の場合、先に申しあげたように最初のきっかけはチラシを渡していたところから始まりました。チラシには、「自分が何をやっているか」を具体的にアピールする中身を入れていました。ですから、特許の話が出たときに、「あ、特許だったらこの間チラシを置いていった人ができるかもしれへんな」と担当者の方が思ってくれたのでしょう。

——具体的な仕事の中身をアピールすることが大事ですね。

崎山さんのサービスの特徴は「スピード」で、「23時間以内に特許申請します」というのが売り文句ですからね。きわめて具体的で、イメージしやすいです。

今後、銀行とどのような関係を築いていきたいですか？

私がお付き合いしている信用金庫さんは、地元に根ざした商売をされている金融機関です。私も同じように、まずは地元の企業さんに喜んでもらえるようなサービスを提供していきたいですね。お客様が困っていることを解決したら、もちろんお客様は喜びますし、私の仕事にもなる。そしてお客様の企業の業績がよくなれば、めぐりめぐって、信金さんの預金や取引も増えますから、みんながうれしい結果になります。
そのお手伝いができたらいいな、と思います。

——銀行と付き合いたいと考えている士業さんに、何かメッセージはありますか？

まず、銀行に限らず誰に対しても、自分のサービスを明確に伝えられるようにすることですね。自分が思っているほどに、相手はこちらの仕事内容を知りませんから。
そして、都市銀行などの大手ではなく、地元に根づいた銀行と、しっかりした関係を築いていくことです。この2点ですね。

②さくら行政書士事務所　藤本忠相《ふじもとただすけ》行政書士

——現在、どのような銀行とお付き合いされていますか？

ある金融機関の、県内複数の支店とお付き合いをしています。また、その金融機関の「相続担当部署」とも継続的にお仕事をしています。

――具体的に、どのような仕事を紹介してもらっていますか?

相続関係の書類作成や手続きの代行を、主に紹介していただいております。具体的には、以下のようなものです。

・相続手続きに必要な戸籍謄本《こせきとうほん》や除籍謄本等の取得代行
・遺産分割協議書の作成
・相続人同士で協議が終わった後の協議書に署名押印をしてもらう作業(紛争性のない場合のみ)
・提携している司法書士、税理士と連携をして、相続手続きを進めてほしいとのご依頼への相談や対応

相続関係の仕事を継続的に手掛けるうちに、銀行からも「相続ならまず藤本センセに聞いてみようか」という感じになってきており、継続的に仕事を紹介してもらっています。

――その金融機関との、お付き合いの最初のきっかけは何でしたか?

ある士業向けの研修で、その金融機関の相続担当部署の方が講師に来てくださったことがあ

ったのです。

その際に名刺交換をし、後日、改めてご挨拶をしに訪問させていただいたことがきっかけでした。


――名刺交換だけでなく、そのあとに改めて挨拶に行ったことが、大きいですよね。簡単なことですが、実行する人は少ないのです。


そうですね。まずは気軽に挨拶に行くことが大事だと思います。

私も最初は「迷惑じゃないやろか？」と少し心配していましたが、意外と歓迎してくれることを何度も体験しました。とくに支店長よりも渉外担当者が喜んでくれます。

まずは、自分が口座を開いていたり、取引のある支店に訪問し、「相続などがあればいつでも呼んでください」というだけでもいいかと思います。

そこで担当者の本音を少しでも聞き出して、次回訪問するための宿題をひとつもらってくるといいですよね。その宿題をクリアするような提案ができれば、他の士業との差別化ができます。

私の場合も、そうやって少しずつ担当者との関係を深めていけたとき、忘れた頃に「以前、提案をしていただいた件をお願いしたいのですが？」という連絡がだんだん増えてくるようになりました。

――他の士業との差別化は大事なポイントですよね。士業は営業が苦手な人が多いし、ライバルと競争して仕事をとってくる、という意識が全体的に薄い気がします。

差別化ということでは、自分は何ができるのか、他の士業との違いを、チラシなどの目に見える形で表現すると話が早いです。名刺だけでは、なくされますし、印象に残りません。またチラシや事務所パンフレットを作ることで、仕事への本気度が伝わります。

――銀行と仕事を始めるにあたって、留意していたことは何ですか?

銀行の担当者が、士業にどの部分をサポートしてほしいのかという本音を、十分ヒアリングしました。

そこでわかったことは「自分の仕事量を減らしたい」というシンプルな事実です。

たとえば戸籍謄本などは、本来、お客様が自分で準備するものです。しかしお客様が高齢であったり、仕事の都合などで集めることが難しい方が意外と多いのです。銀行員からすると、戸籍謄本などが集まらないと自分の作業が中断してしまい、処理率が下がってしまいます。「そうならないように、自分の処理速度を少しでも上げるサポートをしてほしいのだな」ということがわかったので、そのことを基準に現在は仕事をしています。

ただし、銀行は基本的にギブアンドテイクなので、「仕事につながった報酬を定期預金へ」という話はよくあります。それはある程度にしておくことがポイントです。

――「銀行員は自分の仕事量を減らしたい」これも大事なポイントですね。その他、銀行から仕事上で求められていることは何ですか？

銀行との仕事で注意すべきは、お客様情報の徹底した管理です。具体的には個人情報保護法に基づく行動を求められます。

安易なＦＡＸなどのやりとりはご法度《はっと》です。

また、一つ一つの作業に対するお客様への連絡は欠かさない、なども大事なポイントですね。お金が関わることなので、お客さまも神経質になる場合が多いですから。

あとは、業務のスピードをできる限り速めることです。

――今後、銀行とはどのような関係を構築していきたいと考えていますか？

銀行の渉外担当者は正直、自分たちの成績のことが一番のように思います。

でもそれは仕方のないことで、お立場もよくわかります。

したがって今後は銀行の方が気軽に士業に尋ねていただいたり、お互いが情報交換できるような体制作りを構築していきたいと思います。そのためにも定期的に担当者とお会いし、小さな情報交換を続けることや、他士業の先生を積極的に紹介したりすることも重要な仕事だと思います。

「自分たち士業は何ができるのか?」を常に考え、知ってもらうためのたゆまぬ営業活動により、「困ったときは藤本センセに聞いてみよう」という関係をもっと強くしていきたいです。

【銀行員へのインタビュー】

③士業と上手に付き合っている信用金庫支店長

——現在、どのような士業の方とお付き合いされていますか?

税理士さんが多く、あとは不動産鑑定士さんですね。

たまに司法書士さんとのお仕事もあります。

大きな税理士事務所との付き合いが多く、お互い仕事やお客様の紹介をしたりしています。

支店が住宅地にあるため、お客様も地主の方が多く、不動産関係の仕事がよく発生するので、不動産鑑定士さんとのお付き合いも多くなっています。

——士業とは、具体的にどのようなお付き合いをされていますか?

お客様から相談を受けて、それに応じて士業の方をご紹介するという形が一般的です。お客様からはよくこんなご相談を受けます。

「確定申告書を作ってもらいたいので税理士を紹介してほしい」

「先代から続いている税理士さんを代えたい」

「そりの合わない税理士の先生を代えたい」……


――税理士を代えたいという相談は多いのですね。僕も、「税理士の先生が試算表を作ってくれない」という会社に、「そんな税理士、とっとと代えてまえ！」なんて言うことがあります（笑）

うちの支店でもよくあります。あと、先にも申しあげましたが地主の方がお客様に多いので、節税の延長で話がつながることが多いです。あと、地主さんを顧客にするハウスメーカーさんが、「税制面の説明を受けたいので、税理士に話を聞きたい」とか、「不動産鑑定士を紹介してほしい」「登記の仕事で司法書士さんを誰か知らないか」といった相談を受けることもあります。

直接、私どもの支店に関わらない仕事でも、お客様のご相談には何らかの形で紹介などをしたいと考えていますので。

また、私どもの支店では少ないですが、郊外で製造業や工場があるエリアの支店では、弁理士さんを紹介してほしいという話がよくあるようですね。

――今お付き合いされている士業との、最初のきっかけは何でしたか？

シンプルに、県の税理士名簿を調べて、めぼしいところに片っ端から電話して、訪問していきました。

すると、地元の税理士さんも銀行との取引をしたいと思っている人が多かったので、とんとん拍子に話が進むことが多かったです。

――そうですか。逆に士業の側からも、銀行にどんどん連絡して会いに行けば、チャンスは十分あるということですね。

さて、銀行の立場として、士業の方に期待されていることは何ですか？

私どもの支店は、行員が13名いますが、半数以上が入行5年目前後の若い行員なのです。

現在、若手行員が中心で企画運営して、毎月いろいろな方を招いて少人数の勉強会を開催しています。その勉強会の講師にも、士業の方に来ていただいています。

士業の方とお付き合いがあると、若い行員がお客様から相談を受けたときに、「この問題は

○○センセに聞いてみるか」と、すぐに電話して聞けるのです。

私どもとしては、単にお客様を紹介したりされたりという以上に、「困ったときにすぐ聞ける関係」が非常にありがたいのです。

地元の士業の方なら、電話した後すぐに会って話ができますから、なおさらですね。

銀行員はいろいろな知識がなければいけませんが、実際にはすべての分野に精通するのは無理なので、「誰に相談したらよいか」を知っていることが大事になります。士業の方に期待するのは、そうした面でのサポートですね。

インタビュー終わり

「融資に強い専門家」になろう

先にお伝えしましたが、社長の悩みのベスト3は、「売上アップ」「人材育成」「資金繰り」です。

この3つのうち1つでも相談できる力をもっていれば、「自分たちの役に立つ専門家」として、既存先からは頼りにしてもらえますし、見込み先からは顧問契約してもらえます。

さらに、銀行からは、そういった悩んでいる社長を紹介してもらえます。

「売上アップ」に関するアドバイスができるようになるためには、マーケティングの知識を身につける必要があります。

本を読んだだけでは、なかなかそういったノウハウは身につきません。経験も必要です。そのため、「売上アップ」のノウハウを取得するためにはある程度の時間がかかります。

「人材育成」も同様で、そのスキルやノウハウを身につけるためには、一から基本的なことを学ぶ必要があります。専門家としてコンサルティングできるレベルになるには、こちらも時間がかかります。


しかし、「資金繰り」＝資金調達に関してのスキルを身につけるのは、そんなに時間がかかりません。

決算書を読めるぐらいの知識があれば、銀行や融資に関する知識を学び、何件かの融資案件を手伝うことで、勘所《かんどころ》はつかめるようになります。

銀行や融資の知識に関しては、その類いの本がたくさん出版されています。

それらの本に書かれている内容は、表現こそ違え、だいたい同じようなことが書かれています。ですから、どの本を読んでも大差ありません。

（おすすめは『銀行融資を3倍引き出す！小さな会社のアピール力』（同文舘出版）です）

「融資に強い専門家」になると、次のようなメリットがあります。

・既存顧客からの信頼感が増す
・既存顧客からの紹介が増える
・異業種の士業からも紹介が増える
・知り合いからの紹介が増える
・銀行との距離が近くなる
・銀行からの紹介が増える
・資金調達に関する相談を避けなくてもすむようになる

どうですか？　いいことずくめですね。


何件かの融資案件を手伝うのは難しくありません。自分のクライアントに対して、「次に融資を申し込む場合は、私がお手伝いさせていただきますよ」と言うだけで、銀行に同行させてもらえます。

現場についていくだけで、銀行がどう考えているのか、また、どう交渉すればいいのかという勘所をつかむことができるようになります。

そういった経験を5～6回もすれば、「融資に強い専門家」と言っても問題はないぐらいの顧客に対するサポートができるようになります。

社長の悩みベスト3の中で一番多いのが「資金繰り」ですので、見込み客の受け口が広く、それだけ、多くの顧客を獲得する可能性が高くなります。

「融資に強い」と思われている税理士でさえも、「融資に強い」と自ら名乗っている方は10人に1人もいません。

社長が融資に関する悩みがあったとしても、相談する相手が見つからずに困っていることが少なくありません。

だから、「融資に強い」というだけで、多くの紹介をいただくことが増えるのです。

皆さんの周りには多くの同業の専門家がいますが、その方たちと差別化するためには、正しい知識・ノウハウを身につけて、【融資に強い専門家】とアピールすることが、一番簡単で手っ取り早いのです。

「貸す・貸さない」はこんな流れで決まる

それでは、銀行は融資をする際に、どのような手順を踏むのでしょうか。

ある会社の社長さんが銀行の担当者に、「こんど設備投資を考えとるんだけど、1000万円、融資をお願いしたい」と話したとします。

その担当者が融資稟議書を書き、行内の決裁ルートに回します。

融資稟議書は、担当者（正確には渉外担当者）から、まずは直属の上司である渉外担当役席に行きます。渉外部門は基本的には融資をしたいので、この段階はたいていパスします。

次に貸付（融資）担当役席が稟議書を見ます。ここが最初の、そして最大のハードルとなります。貸付担当役席は、融資を回収できずに焦げ付かせたら自分の責任になるので、「本当に返済できるのか」を細かくチェックします。

貸付担当役席がハンコを押したら、その次は支店長に回ります。実際には、貸付担当役席が許可したなら、支店長がハンコを押さないということはほとんどありません。支店長がハンコを押さないケースは、「支店長が事業主のことを嫌いな場合」「支店長と渉外担当者が仲が悪い場合」の２つです。実はこうした感情で否定されることが結構多いのです。ドラマ「半沢直樹」の世界ですね。

さて、融資希望額が支店長の決裁権限以内（５００万円前後が一般的）であれば、そこで融資は決定です。

融資金額が支店長の決裁権限額を超える場合は、本店の審査部（または融資部）に稟議書が回されます。そこで、本店審査部の担当者↓審査部担当役席↓審査部長の決裁を受けなければいけません。

本店審査部長のハンコがもらえれば、たいていの融資はオーケーです。審査部長の権限を超えるほど融資金額が大きい場合は、本店の役員決裁になります。
つまり、７人のハンコが押されなければ、融資稟議書は通りません。それだけの人数を説得する材料が、融資稟議書には求められるのです。

融資を説得させる材料については後述しますが、ここでは担当者について触れておきます。稟議書を書く渉外担当者は、たいていヒラ行員か、主任、もしくは係長といったクラスです。すると、入行1年目のヒラ行員と、９年目の係長であれば、当然ながら能力の差があります。しかし、銀行は担当をエリアで分けますから、担当者の当たり外れがあるのは、いかんともしがたい事実なのです。

能力のない担当者は2つの点で問題です。まず第一に、お客さんの会社の情報をよく集められません。そして第二に、集めた情報を、決裁が通る稟議書の形に加工できないのです。

このように担当者次第で融資の可否が大きく変わってくるとなると、企業としては安定した資金調達ができないことになり、経営が不安定になってしまいます。

そこで、リスクヘッジのためにも、担当者と同時に貸付担当役席にも会社の情報を渡すようにしておきましょう。

貸付担当役席も会社の情報を知っていれば、仮に担当者の能力が低くいい稟議書が書けなかったとしても、

「おい、○○社長のところは、特許をもっているから同業他社との競合で優位やろ。そのこと

1000万円の融資の承認フロー

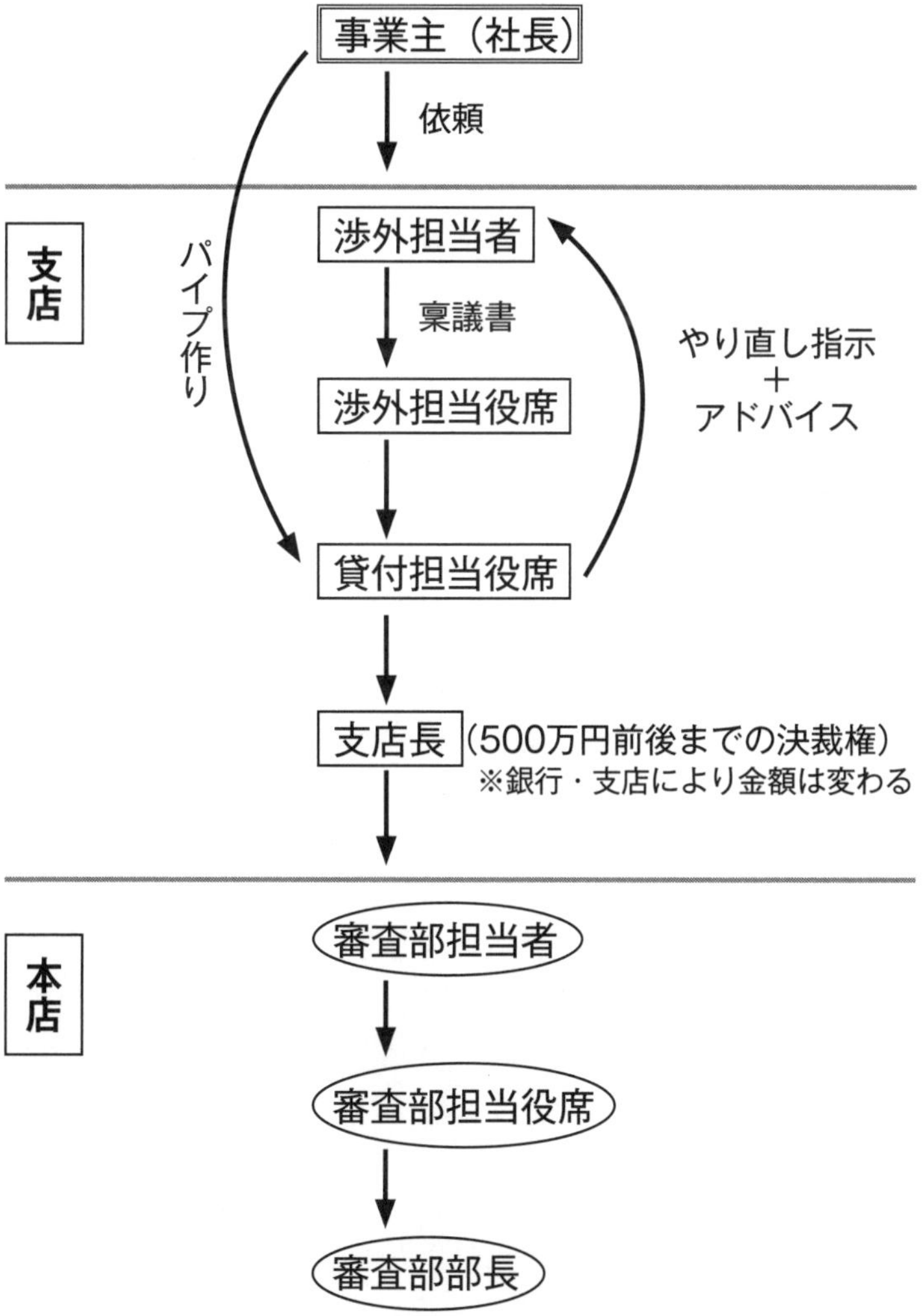

ちゃんと書いといたったほうがいいで」

と、適切な指示をして、融資が通りやすい稟議書に修正してくれるからです。

また、稟議書が本店にいった場合、本部の審査部からの問い合わせに対応するのは貸付担当役席ですから、そこに情報が入っていれば適切な返答がなされて、融資が通る可能性も高まるのです。


貸付担当役席と知り合う、簡単な方法を改めてお伝えします。


担当者に「貸付担当役席と一度アポをとってくれ」と頼むのです。貸付担当役席も、相手はお得意様ですから、「来るな」とは言いません。

ですが、わざわざアポをとって社長が来るというので、役席も「何で来るのかな？　何か悪いことがあったか」と身構えるのが普通です。

そこで、社長からこのセリフを言ってもらいましょう。

「役席、今日はありがとうございます。この間あるセミナーに行ったら、『貸付担当役席としっかりパイプを作りなさい』と講師に言われましたので、ご挨拶にきました」

すると相手は安心しますので、こう続けましょう。

「セミナーで、貸付担当役席には積極的に情報提供することが大事だと言われました。今後、役席のところに情報提供に伺ったら、ご迷惑ですか？」

最後の「ご迷惑ですか？」が大事です。こう言われて、まともな社会人なら「迷惑です」などとは言いません。必ず「大丈夫ですよ、いつでも来てください」と答えます。

あとは、「社長の代わりに、私が説明に伺うこともあるかと思います」とでも一言いっておけば、専門家としてあなたが貸付担当役席を毎月訪問する仕組みができるわけです。

顧客の情報量と融資の可能性は比例する

銀行には次のような格言があります。

「顧客の情報量と融資の可能性は比例する」

これはどういう意味なのか、順を追って説明しましょう。

銀行がお金を貸すときに「融資稟議書」を書くという話は前にしました。その稟議書には、次の７項目を記載します。

1. 金額……いくら貸すのか
2. 利率……何％で貸すのか（お客さんの状況に応じて担当者が金利を決めている）
3. 実行予定日……いつ貸すのか
4. 貸出期間……何年間で返すのか

5．保全……もし回収できない場合、どうやって回収するか（担保や保証人）
6．資金使途……貸したお金を何に使うのか
7．返済資源……どうやって融資を返すのか（基本は毎月の収益によって返済する）

この7項目の中で一番大事なのは、「返済資源」です。お金を返せる理由が多いほど、融資をしても大丈夫という判断になるからです。お客さんの情報が多ければ、返せる理由を稟議書にたくさん書けるので、返済力のある融資先として説得力が出るのです。したがって、情報量と融資可能性は比例するのです。

そのためにも、会社の情報提供をどんどん銀行にしていくように、社長に働きかけていきましょう。

銀行が欲しがっている情報とは、次の2種類です。

1．会社の将来性や潜在能力を伝える「ストック情報」
2．会社の現状を伝える「フロー情報」

まず1つ目の、「会社の将来性や潜在能力を伝える『ストック情報』」です。
これはさらに、次の5つの項目に分類できます。

①社長の経営能力の高さを表す情報

具体的には、経営理念やビジョンです。きちんとした経営理念をもっている企業は、従業員教育もできるし、ある方向に従業員が一丸となって進むので、１００％の力が発揮されるのです。

②競合優位性の高さ

同業他社と比較して、会社がもっているノウハウや強みのことです。独自の技術や、知的財産権や特許、商標や著作権なども優位性の高さに通じます。

③顧客資産

よい取引先をもっているかどうかです。「取引先一覧表」と「取引見込み先一覧表」を作成して提出すれば、銀行はたいへん喜びます。決算報告書を見ても、取引先は出てこないからです。また銀行サイドからしても、支店から今後アプローチしたい会社と取引があったりする場合もあるからです。

④よい仕入れ先

安くて質の高い品を安定的に供給できる仕入れ先があれば、同じ品でも安く販売できます。

または同じ値段でも品質がよくなるから、お客さんに自社商品を選んでもらえるので、売上が上がります。

⑤情報発信力

サービスやモノが売れるためには、商品がよいものであるのは大前提ですが、それに加えて、よい商品であることを多くのお客さんが知らなければいけません。多くの中小企業は、この情報発信力が弱い。「いいものを作ればお客さんが選んでくれる」といった、昔ながらの発想では、これだけ情報が豊富になり選択肢も増えた現代では、生き残っていけないのです。お客さんに商品を知ってもらうための、営業力や販売力、広告宣伝力が重要になってきます。

こうした「ストック情報」を伝えるためには、先にも取り上げましたが、事業計画書を作ることが第一です。

事業計画書にこれらの情報はすべて盛り込めますし、銀行に事業計画書を渡せば、その会社の強みを正確に理解してくれます。

従業員50人以下の中小企業で、事業計画書を作っているところは5％もありません。でもその5％の会社が生き残っているというのは、銀行は経験的に知っています。だから、事業計画書を作る会社を、銀行は大事にします。

それでも事業計画書を作らない会社が多いのは、事業計画書がなくても経営はできるし、そもそも社長にとっては面倒な作業だからです。

ですから、士業から社長に事業計画書を作るメリットを説明し、その作成を手伝い、銀行への説明にも行く。これによって、会社と銀行の双方にメリットを生むことになりますし、双方からありがたがられる存在として他の士業と差別化できるのです。

次に、「会社の現状を伝える『フロー情報』」です。

銀行からすると、その会社がどういう状況かを毎月知らせてくれるだけでも、非常に安心感が増します。

現状を知らせるために、毎月持っていくのは、「損益計画書」と「事業報告書」の2つです。仮に事業計画書を作っていなかったとしても、損益計画書だけは絶対に作るようにしてください。それがなければ、銀行からは「この会社は経営が適当やな」と思われてしまいます。

毎月、貸付担当役席を訪ねるときに、今挙げたような情報をもっていってください。これを毎月実践するだけで、多くの会社で融資が3倍にまで増えている実績があります。

あなたの顧問先の社長さんにも、一日も早く教えてあげてください。

昔に比べて銀行がお金を貸さなくなったワケ

今、銀行自体は「お金を貸したい」と思っています。顧客からたくさんの預金を預かっていますから、金利が安いとはいえ、利息を払わなければいけないことに変わりはありません。預金は今ほとんどが国債で運用されています。国債の利回りは10年物で0・4〜0・5%といったところです。

この分を融資に回すことができれば、2〜3%で運用できますから、利益率が全然違うわけです。

銀行としてはお金を貸したいと思いながら、実際にはあまり貸していません。それは「よい融資先が見つからないから」と銀行は言うでしょう。では、なぜ見つからないか。

それは、担当者の目利きの力がなくなっているからなのです。

目利き力が減ったことには2つの理由があります。

第一に、情報の量を集められなくなりました。銀行の従業員数が減る一方で、業務は増えています。昔は融資と預金だけでしたが、現在はそれ以外にも投資信託や保険、外為など、さまざまな商品を販売しなければいけません。そのための資格をとったり、知識の習得も必要です。大げさではなく、銀行員の業務量は20年前の10倍ぐらい増えているのです。

担当者が得意先企業を訪問する回数も、昔に比べて格段に減りました。昔は用事がなくても得意先を回っていたのですが、今は用事がなければ訪問しません。大まかですが、以前は月に4〜5回来ていた担当者が、今では月1回来ればいいほうでしょう。

そうすると、情報量は5分の1ぐらいになってしまうのです。

第二に、情報の質の問題です。

社長の側からすると、月に何度も顔を出す担当者と、用事があるときだけ来る担当者とでは、話す内容も当然違ってくるでしょう。

また担当者の質も下がりました。私はよく銀行員向けセミナーをやると、冒頭に質問をします。

「君たち、お客さんのところに行って、何が困っているか教えてくれないか？」

するとほとんど同じ答えが返ってきます。

「お客さんと何を話していいのかわからない」

「お客さんに何を聞けばいいのかわからない」

そんな担当者に、会社の情報を集められるわけがありません。銀行の担当者のレベルは、そこまで下がっているということを知っておいたほうがいいでしょう。

今の銀行担当者に情報収集能力はない、という前提があるので、こちらから情報を貸付担当役席に伝える必要があるのです。

士業が存在意義を発揮するのもそこで、社長のほうから銀行に対して情報提供するといっても、やりたがらないお客さんがほとんどです。面倒くさいし、手間もかかる。

それを士業さんが間に入って情報提供すれば、融資を引き出しやすくなります。お金を借りたい会社と、お金を（本当は）貸したい銀行、どちらもハッピーになるわけです。

銀行のこれからの貸し方はこう変わる

さて、銀行のこれからの貸し方や融資、そして企業に対する姿勢は、今後どう変わってくるのでしょうか。

そのためには、マクロ経済の動向をおさえていく必要があります。

ご存じの通り、２０１７年４月に、消費税が10％まで引き上げられます。この消費税増税の影響は、これからどのように表れてくるでしょうか。

２０１４年４月に消費税８％に増税が実施されたとき、価格転嫁《てんか》の問題がありました。大手企業は価格転嫁できるが、下請けである中小・零細企業は価格転嫁ができません。そのため利益が出なくなるのです。

また仮に価格転嫁できたとしても、その分、モノは確実に売れなくなります。

つまり、今までの同じやり方をしていると、売上が上がらなくなるのは確実なのです。士業の顧問先企業についても、会社の体質を変えなければ、生き残っていけません。

消費税増税は必ず来ることがわかっているピンチです。そのピンチを利用して経営体質を改善し、増税を乗り越えられる体力をつけるチャンスに変えていくのです。

ここでいったん、最近の銀行の動向についてもう一つ重要なことを述べておきます。

それは、「金融検査マニュアル」の存在です。

昔の銀行は、融資に積極的でしたが、最近はなかなかお金を貸してくれません。前述したように担当者の「目利き力」の問題もさることながら、この「金融検査マニュアル」の影響が大きいのです。

「金融検査マニュアル」とは、金融庁の検査官が、銀行の検査を行う際に用いるマニュアルの通称です。バブル崩壊後の１９９０年代、銀行の不良債権処理を進めるために、国は銀行への監督を強めようとしました。その中で、「金融検査マニュアル」も、平成11年度から導入されています。

銀行は、このマニュアルにそった形で得意先企業の格付けを行い、マニュアル通りの対応をするようになりました。もし独自の判断で融資して、仮に焦げ付いたとすると、２年に１回ある金融庁の検査でチェックが入り、最悪の場合は営業停止になってしまうからです。

そのため従来であれば融資を受けられた企業も、お金を借りられなくなっていたのです。

ところが、２０１４年から、金融庁の方針が変わりました。

まず1つ目に、融資先が健全かどうかの判断は、その大部分が銀行にゆだねられるようになったのです。そのため銀行はリスクがとりやすくなり、たとえば技術力があるものの決算上は赤字なベンチャー企業や、営業利益は出ていても過去の借金が多くて赤字になっているような、今までは融資ができなかった企業にも、自主判断で融資ができるようになりました。将来的な成長力や潜在力が評価されるようになったのです。

そのため先に申しあげたように、会社の情報をしっかりと銀行に発信していけば、融資を引き出すチャンスが増えたのです。逆に言えば、銀行が独自の査定をする上で必要な情報をきちんとアピールできるかどうかが、融資を受けられるかどうかの分かれ目になってきます。銀行が「将来性がない会社だ」と判断すれば、融資を受けられません。

カギになるのは、情報発信と同時に、銀行との関係構築です。銀行といい関係をつくっていたならば、少々経営が苦しい状況になっても、自主判断の範疇《はんちゅう》内で下駄をはかせてくれる可能性があります。そのためにも、銀行と会社の距離を近くする努力が必要です。

次に2つ目の方針転換ですが、こちらは中小企業にとっては少し厳しい話です。

2013年3月、中小企業金融円滑化法が終わりました。この法律は、融資先企業が借入の返済額減額（いわゆるリスケ）を言ってきたら、積極的に応じなさいという法律でした。

法律の期間が終わっても、金融庁は「激変緩和措置」といって、1年間は大目に見ていた。しかし、2014年にその方針も転換しました。返済猶予を受けてきた企業には、もはや転廃業を促すようにしてきたのです。金融庁も銀行への立ち入り検査で、これまでのように無条件に返済額減額に応じるのではなく、銀行が主導で抜本的な経営改革に乗り出させるように指導しています。

銀行としては、そう簡単に企業再生はできませんから、どうしても会社を潰す方向に動きます。

ですから、少々経営が苦しい会社には、士業などの専門家が「経営改善計画書」を作成して銀行に持っていくなどのサポートをしてあげないと、融資を引き揚げられる可能性が強まっているのです。

これまでリスケをしていた企業は、抜本的に経営改善計画を作らないと、銀行から厳しい態度をとられるという覚悟が必要になりました。

銀行の方針転換は、将来性のある会社にはリスクをとって融資するが、将来性が見込めない会社からは融資を引き揚げるという、いわば取引先の取捨選択が激しくなるということです。

このような銀行の方針転換に対応するには、これまで以上に銀行との関係構築、そして情報発信が必要になります。

そう考えたときに、実は士業が活躍する余地は、ますます広がっていきます。本書で述べてきたように、銀行と企業の双方にメリットをもたらす士業にとっては、ビジネスチャンスが到来したといえるのではないでしょうか。

おわりに——4つの特典

今、士業にとってビジネスチャンスが広がっています。

そのチャンスを自分のものにするためには、従来通りの顧客開拓方法では限界があるということを、士業も自覚する必要があります。

ＩＴ技術の発達により、従来なら士業に回ってきていた仕事の多くがとって代わられています。

税理士の記帳業務などはその典型で、税務会計ソフトを使って会社内で賄《まかな》えるようになってしまいました。

弁護士の法律相談も、ネット検索で知識が得られる現代、大幅に減りつつあります。

このように、ＩＴにとって代わるような仕事は、価格破壊が起こりつつあり、利益を生まなくなっています。

これまでのように、看板を掲げて待っていれば依頼が来る時代は終わりました。

人口減少時代に入った日本では、今後、顧客の数が爆発的に増えることも考えにくい。

さらに、若くて元気のいい士業の方々が増えてくれれば、なおのこと、フットワークの軽さや価格の安さだけでは勝負になりません。

これからは、自分の売りや強み、言い換えれば「付加価値」をどうつけていくかが、何よりも求められていきます。

資格という看板を掲げていれば仕事がもらえた「オールドタイプ士業」は駆逐されていく時代に入りました。

時代が求めているのは、「ニュータイプ士業」です。

具体的には、自ら積極的に情報発信し顧客を獲得していく。

フットワーク軽く動き回りながらトライアル＆エラーを繰り返し、新しいビジネスチャンスに飛び込んでいく。

そして、価格勝負ではなく、付加価値で勝負していく士業です。

本書では、「お客は銀行からもらえ」ということをテーマに、銀行から顧客を紹介してもらう方法をさまざまな角度から解説してきました。

もちろん、銀行から有望な顧客を紹介してもらうことは、士業にとって非常にプラスになる、というか「儲かる」話です。

しかし、士業だけがプラスになるのではありません。

銀行は、得意先企業の情報がよくわかるようになりますし、新たな融資先の開拓にもつながります。

企業は、銀行との上手な付き合い方を知ることで、よりよい条件で融資を引き出し、経営の安定につなげることができます。

つまり、士業が「銀行からお客をもらう」ことは、士業だけではなく、その銀行と顧客（企業）のそれぞれにとっても、プラスの価値を生み出しているのです。

これからの士業、「ニュータイプ士業」の仕事は、「作業」ではなく「コンサルティング」が主になってくるでしょう。

先ほど申しあげたように、「作業」のほとんどはＩＴの進化にとって代わられます。人間にしかできない、付加価値を生む「コンサルティング」で、顧客企業を発展させていくことが、これからの士業の使命になるでしょう。

現在、日本に士業は26万人いるといいます。

仮に、一人の士業が20件の顧客をもっていたら、士業が付加価値を生むコンサルティングをするだけで５２０万社の業績が上がることになります。

それだけの会社の業績が上がれば、従業員の給料も上がり、消費も活性化します。

日本経済活性化の起爆剤は、士業の意識改革にあるのです！

士業にはそれだけの可能性があります。

本書で提唱した「お客を銀行からもらう」方法を、まずは実践してみてください。決断に10日かけるより、1日で決断して即実行し、そして失敗したことがあれば修正して11日目には再チャレンジする。

先の読めない現代、ビジネスチャンスをつかむには、「トライアル＆エラー」が最も近道なのです。

本書を読まれた士業の方が、一人でも多く、「ニュータイプ士業」となって地域経済に貢献する存在となることを、念願しております。

最後になりますが、本書をお読みくださった方に、4つの特典をプレゼントしたいと思います。

特典1：「二代目経営者経営力向上プログラム」チラシPDFデータプレゼント
私がこの1枚のチラシだけで、4000万円以上の売上を得た「二代目経営者経営力向上プログラム」チラシのPDFデータをプレゼントします。この内容を参考にオリジナルサービスを作ることができれば、見込み先の獲得に効果を発揮します。

特典2：「成功する士業読本」小冊子プレゼント

とても繁盛している奈良の行政書士の藤本忠相さんに、その仕事術を取材しました。価格競争はもちろん、広告もブログもほぼなさらず、常時スタッフが複数になるほど安定している「士業の星」です。このインタビュー記事をまとめた小冊子をプレゼントします。

特典3：最新の情報をメールレポートにてご提供

士業・コンサルタントが仕事や顧問先を獲得していく上で必要な知識やノウハウ、金融機関を取り巻く環境の変化、資金調達・セミナー・出版などについての最新情報を、本書を購入いただいた読者の方に提供させていただきます。

特典4：【クラブネクストフェイズグループコンサルティング】にご招待

(株)ネクストフェイズが、東京と大阪で毎月1回行っている【クラブネクストフェイズ士業・コンサルタント勉強会】に、先着100名様を無料で招待させていただきます（会員以外の参加は通常3万円）。

※一人1回のみ参加となっています。

プレゼントへの応募先はこちら←
http://www.npc.bz/book5/present/
最後までお読みいただき、ありがとうございました。

東川　仁

著者略歴
1964年、大阪府に生まれる。

株式会社ネクストフェイズ代表取締役、繁盛士業プロデューサー。

中小企業診断士、経営コンサルタント。

関西大学卒業後、地元の金融機関に入社。

2002年、13年間在籍した勤務先の突然の破綻により、「カネなし」「人脈なし」「資格なし」「経験なし」の状況で資金調達コンサルタントとして独立。

当初は食えない状態が続いたが、金融機関や周りの士業・コンサルタントからの紹介により、独立して2年半で月商100万円超に。

関与した企業は10,000社を超える。数多くの金融機関に対する研修やコンサルタントも行っており、金融機関の考え方は熟知している。

特に、金融機関とのよい関係の作り方と紹介を引き寄せるノウハウには定評があり、50行以上の金融機関から、独立後10年間で500件以上の案件を紹介されている。

現在は、士業やコンサルタント・FPに対し、「融資に強い専門家」になるための知識やノウハウを伝えるべくセミナーや講座を積極的に行っている。

「士業やコンサルタントがしっかりと中小企業の成長に貢献できる支援を行うことができれば、日本のGDPを２％上げるくらいは簡単にできる」という信念を持っており、10年で、そういった専門家を1000人育成することを目標としている。

著書には『銀行融資を３倍引き出す！小さな会社のアピール力』（同文舘出版）、『90日で商工会議所からよばれる講師になる方法』（同文舘出版）、『士業のための「生き残り」経営術』（角川フォレスタ）、『依頼の絶えないコンサル・士業の仕事につながる人脈術』（同文舘出版）などがある。

お客《きゃく》は銀行《ぎんこう》からもらえ！

――士業《しぎょう》・社長《しゃちょう》・銀行《ぎんこう》がハッピーになれる営業法《えいぎょうほう》

二〇一五年六月一六日　第一刷発行
二〇一七年七月　六　日　第二刷発行

著者　東川《ひがしかわ》　仁《じん》

発行者　古屋信吾

発行所　株式会社さくら舎　http://www.sakurasha.com
東京都千代田区富士見一-二-一一　〒一〇二-〇〇七一
電話　営業　〇三-五二一一-六五三三　ＦＡＸ　〇三-五二一一-六四八一
　　　編集　〇三-五二一一-六四八〇　振替　〇〇一九〇-八-四〇二〇六〇

装丁　石間　淳

図版製作　朝日メディアインターナショナル株式会社

印刷・製本　中央精版印刷株式会社

©2015 Jin Higashikawa Printed in Japan

ISBN978-4-86581-015-8

本書の全部または一部の複写・複製・転訳載および磁気または光記録媒体への入力等を禁じます。これらの許諾については小社までご照会ください。

落丁本・乱丁本は購入書店名を明記のうえ、小社にお送りください。送料は小社負担にてお取り替えいたします。なお、この本の内容についてのお問い合わせは編集部あてにお願いいたします。

定価はカバーに表示してあります。

さくら舎の好評既刊

山口朋子

主婦が１日30分で月10万円をGetする方法

かんたん　たのしく　つづけられ　むりなく　リスクなし

忙しい主婦でも月10万円稼ぐことのできる超実践的テクニックを伝授！　好きなこと、得意なことで無理なく、楽しくプチ起業！

1400円（＋税）

定価は変更することがあります。